Staread
星 文 文 化

目的思考法

[日] 望月安迪 著

龙东丽 译

目的ドリブンの思考法

北京日报出版社

图书在版编目（CIP）数据

目的思考法 /（日）望月安迪著；龙东丽译 . -- 北京 : 北京日报出版社 , 2023.8
  ISBN 978-7-5477-4582-3

Ⅰ . ①目… Ⅱ . ①望… ②龙… Ⅲ . ①思维方法
Ⅳ . ① B80

中国国家版本馆 CIP 数据核字 (2023) 第 038417 号

目的ドリブンの思考法（望月安迪）
MOKUTEKI DRIVEN NO SHIKOUHOU
Copyright © 2022 by Andy Mochizuki
Original Japanese edition published by Discover 21, Inc., Tokyo, Japan
Simplified Chinese edition published by arrangement with Discover 21, Inc.

著作权合同登记图字：01-2023-2696

目的思考法

出 品 人：柯　伟
选题策划：刘思懿
责任编辑：王　莹
特约编辑：刘思懿
封面设计：尬　木
版式设计：修靖雯
出版发行：北京日报出版社
地　　址：北京市东城区东单三条 8-16 号东方广场东配楼四层
邮　　编：100005
电　　话：发行部：（010）65255876
　　　　　总编室：（010）65252135
印　　刷：三河市嘉科万达彩色印刷有限公司
经　　销：各地新华书店
版　　次：2023 年 8 月第 1 版
　　　　　2023 年 8 月第 1 次印刷
开　　本：880 毫米 ×1230 毫米　　1/32
印　　张：8.5
字　　数：160 千字
定　　价：49.80 元

序

围绕为了什么展开的故事

你手头正在忙什么工作呢?

"我在准备新产品的策划案。"

"我在制定下个月的客户拜访清单。"

"我在估算下一个季度的产量。"

"我在设计新系统的业务流程。"

"我在筹划制定新的人事考评制度。"

"我在起草明年的毕业生招聘计划。"

如果我问你手头正在忙什么工作,大多数人都能不假思索地做出回答吧。

自我硕士毕业至今,一直都在同一家咨询公司工作。刚参加工作时,对于手头正在做什么工作这个基础性的问题,我以为自己再清楚不过了:首先,受理客户的委托;其次,制订项目计划为客户解决问题;最后,每天按计划推进工作。咨询顾问的工作,不就是这些吗？我认为逻辑就是这样的，可是，不知道为什么，我始终无法取得预想的结果。

比如，做会议记录这件事。我准时参加会议，努力记录发言人的讲话。会议结束后，我还会听会议录音核对文字稿。我认为自己总结了一份内容无比精确的会议记录。于是，我得意扬扬地将完成的会议记录交给同组资深的前辈过目。

然而对方的反馈十分出乎我的意料，前辈严厉地质问我：

"这次会议的决议事项写在哪里呢？"

"接下来该采取什么行动呢？这份会议记录不够一目了然。"

"内容太分散了，没有出席会议的人就算看了也理解不了。"

另外，市场调研的工作也是一样的结果。我去搜集新闻报道，解读行业报告，采访专家获取一手信息。我认为自己搜集的信息已经够全面了，还用更具视觉表现力的图表形式展现数据。这下总该没问题了吧。

"这是市场规模和增长率，所以呢？"

"行业的市场份额我看明白了，不过，你想用这个数据表达什么？"

"同业竞争公司的情况列得很详尽，然后呢？"

前辈的回应一如既往的冷淡。除了常见的公开信息，我还千辛万苦地挖掘到了大量的非公开信息，作为一份调研报告，其内容含量和质量都可谓是相当高了。可为什么还是这样的结果？自己的工作成果没有迎来预期的高度评价，问题到底出在哪里？这个疑问在我脑海中挥之不去。在最后向客户提交的报告书中，我的调研报告被大量删减，被采纳的内容微乎其微。无论我为那些资料投入了多少精力和时间，它对最终交付成果所做出的贡献几乎为零。

为了什么干这项工作，才是问题所在

到底是哪里做得不好呢？

如今我回顾当年的经历，发现答案显而易见——

那时的我还不明白：**我是为了什么在干那项工作。**

比如，做会议记录是为了什么？其实是为了让参会人员和未参会人员都能把握会议的商议内容、决议事项、行动计划，从而达成共识。如果确定了这一点，那么记录时就应该将会议的决议事项、行动计划提到最前面，根据议题的重要性从大到小、分层次地展示商议内容。

市场调研也应如此。阅读行业报告、采访专家、分析并整合信息，具体的工作内容无非就是这些。那么，做调研是为了什么呢？其实是为制定战略规划提供思路，推动决策。公司可以利用的市场机会是什么？必须应对的威胁是什么？应该先开辟哪个地区的市场？如何开展差异化竞争？在调研报告中，如果不能结合为了什么给出实质性建议，那么把数据优化成再精致的图表也毫无意义。

问题不在于手头忙的是什么工作，而在于为了什么干这项工作——没有领悟到这一点，才是问题的根源。

想把工作搞砸吗？只要忽略目的就行

我们可以由此领悟到一个如何在工作上取得成果的道理：

在不知道为了什么的状态下，就算再拼命，也绝不会做出成绩。

在我们的工作当中，劳作行为本身是没有意义的，通过劳作创造的价值才有意义。那么，做会议记录的本质意义并不是"啪嗒啪嗒"地敲电脑键盘，输出几页书面材料的行为。其关键价值在于大家阅读之后能够达成共识。

做市场分析亦然。按地区分别将市场数据做成图表，或是进行市场细分①，这些行为是没有意义的，除非客户看完后拍板说："我们公司接下来开辟某某地区的市场（或是开发某某消费群体）。"只有助推了决策的行为才会产生价值。

---

① 市场细分：由美国市场学家温德尔·史密斯于 1956 年提出，指企业按照某种标准将市场上的顾客划分成若干个顾客群，每一个顾客群构成一个子市场。——译者注（本书注释如无特别说明，均为译者注）

做会议记录、做市场分析这种基础性工作，还不至于酿成严重的后果。但面对那些事关企业命运的重大事件，如开发新业务、大型并购、导入大型 IT 系统、全公司组织结构重组等，大家往往还是回答不出来。

接手的任务越重大，大家越是一股脑儿地忙于做什么，无暇思考为了什么。所以自然而然就会形成这样一种氛围：这么大的项目，如今都进行到这一步了，就不要再纠结为了什么了。

可是，就这么对目的不管不顾，真的没关系吗？

不如用一种讽刺的说法来形容这种境地：**想把工作搞砸吗？只要忽略目的就行**。所谓目的，就是一项工作希望实现的价值。任何一项工作，无论投入多少精力，一旦忽略了目的，则不可能得到理想的成果。虽然这么说有些苛刻，但"装模作样地工作"的确无法创造价值。

设计创造成果的流程

请放心，我的讽刺绝不是为了挖苦。从这里开始，为了获取前进的动力，让我们彻底忘记那些讽刺，仔细思考前文。这样一来，我们就会发现，创造工作成果的原则如下：**始终以目的为中心，工作上就能无往不利**。

工作的出发点不是做什么，而是为了什么。只要确定了最初的目的，就可以围绕目的优化我们的具体工作，创造工作成果。**以目的为最高指导方针来推进工作，是创造成果的基本原则，目的驱动思维方法的精髓就在于此。**

本书将阐明以下两点：创造成果跟什么有关和如何创造成果。在此我先简单透露一下创造成果的实质：**创造成果由目的—目标—手段的三层金字塔结构组成：**

- 目的（Why）：为了什么；
- 目标（What）：什么结果；
- 手段（How）：如何达成。

如果将这三个层级合并起来，会发生什么呢？事实上，我们可以基于此来设计下面的流程。

"本项工作的目的是……为实现该目的，在截止日期前需要达成若干目标。为达成目标，我认为可以采取的具体手段是……将具体的手段付诸实际行动以后，我们就会达成目标，以期最终达成目的。"

这就是达成目的的路径，也是创造成果的流程。如果我们将战略当成是为实现理想结果而规划路径，那么，**设计创造成果的流程，就可以称之为战略思考。**

设计流程是领导者必须承担的非连续性职责

故事的情节需要创作者来撰写。那么，创造成果的流程由谁来设计呢？

在确定未来目的的同时，还要考虑通往目的必经的中转点，思考实际工作的具体推进步骤。上述内容都需要经过深思熟虑，设计一连串的复杂流程。这一系列的精细考量如果交给资历尚浅的员工，那么他的负担就会过于沉重。所以，创造成果的流程设计，必须由他们的领导者负责。

然而，即便让业务经验丰富的领导者来设计一连串完整的工作流程，也绝非易事。再者，设计创造成果的流程不同于实际业务，两者的思路是不一样的。特别是对于那些刚从基层升到领导层岗位的人们来说，这是一种他们从未承担过的**非连续性职责**。

在此之前，他们做事只需按照领导的要求去执行就可以了。然而从晋升的那一天起，以前佩戴的普通员工工牌更换成管理者的工牌，他们肩负的职责、受到的期望都将发生改变。

尽管如此，他们真的能像转变身份一样，迅速转换自己的角色吗？从今往后，他们必须自主决定工作的价值是什么，自行探索实现这种价值的路径。身份转变前后的差距如此之大，想要跨越到新的职业阶段，不是换了新的工牌就能让一切顺风顺水的。

承担非连续性职责的战略思考模式

本书旨在为那些想知道如何承担非连续性职责、如何发挥自身价值的读者解答疑惑。

本书所呈现的内容，是我这些年作为咨询顾问，对在一线咨询工作中的思考、实践并不断完善的方法论进行的系统化总结。正因为这是我在大量项目的实践中形成的领悟，所以我不想用方法论（看起来像是用头脑去理解的事物）这种说法，我想称之为一种通过亲身体会促使自己思考和行动的——模式。其实就是**我将实现事半功倍效果的战略思维总结成了人人都能掌握的模式。**

只要你掌握本书介绍的模式，那么你也能运用和战略顾问一样的手法，设计创造成果的流程。如果你也面临领导者必须承担的非连续性职责，愿本书能助你一臂之力。

本书结构与阅读指南

本书结构大致如下：

第1—3章：目的和目标分别是什么（两者的区别）、目的—目标—手段的三层金字塔结构是什么、如何确定目的和目标；

第4章：手段是什么、为什么说手段是战略的核心、手段的五个基本动作；

第 5—9 章：如何将认知、判断、行动、预测、学习五个基本动作付诸实践；

第 10 章：通过以提问为主线的思考地图对全书进行概括。

本书将全面揭示以目的为最高指导方针的、围绕目的—目标—手段的三层金字塔结构设计创造成果的流程的技巧。只要你紧跟我的脚步，保证你将逐一掌握设计创造成果的流程的技能体系与实用技巧。

此外，各章节还有与主题相关的案例研究和案例解答。通过具体的商业课题，让你了解如何将在各章节中学到的技巧应用于实践。

我所任职的德勤咨询公司，其价值主张[①]的核心是可执行策略。仅仅用来纸上谈兵的理论是毫无意义的，只有将其应用于实践才会产生价值。这也是我在本书中想强调的。

让我们翻开这本讲述"为了什么"的书，探索其中的奥秘吧。"一切从目的出发"是贯穿本书的主线。在第一章中，我将从目的究竟是什么开始说起。

---

① 价值主张：一种针对竞争对手而制定的战略模式。它既有和竞争对手相比拟的共性，又有比竞争对手更优的差异点，以及面向客户的个性化产品和服务策略，即共鸣点。价值主张是指对客户来说什么是有意义的，即对客户真实需求的深入描述，具有罗列全部优点、宣传有利差、突出共鸣点是制定"价值主张"常用的三种方法。

因为莱昂·泰克博士[1]曾言：一个不知道目的地的水手，何以扬帆远航？

---

[1] 莱昂·泰克：美国精神科医生、作家。

目 录 |

第1章

先从目的开始

如果把工作比作旅行，那么目的就相当于旅行奔赴的终点。

如果不知道要去哪里旅行，会得到什么结果呢？出发前的准备肯定潦草仓促，不知道该如何规划行程。就像旅行一样，没有目的的工作也不会带来好的结果。那么，对工作成果起决定性作用的目的是什么呢？接下来让我们一探究竟吧。

案例研究：新业务启动时，重点投入哪个业务呢

你现在就职于某大型企业的新业务开发部门。如部门名称所示，工作内容是开发新业务。前不久，你刚被提拔为该部门的业务开发小组组长，上级希望你率领全组开创有发展潜力的新业务。

经过集思广益的探讨，小组成员们纷纷贡献了业务创意，包括农业分析工具、长途运输专用的无人机物流、无线供电对策、

学术众包等，每一个创意都别具一格。为了挖掘商机，每一名成员都深入调研过市场与竞争环境，才在此基础上提出了未来有发展潜力的业务。

虽然小组内部确实提议了不少有潜力的业务，但是从公司层面考虑，最应该开展哪项提议的新业务呢？对此，你无法决断。

为什么判定开展哪项业务这么令人头疼呢？导致决策停滞不前的最主要因素究竟是什么呢？

后视镜思维的局限：向后看是摸不清前方的

目的是什么呢？这就是本章的主题。

不过，在进入主题之前，不妨先从另一个问题开始吧。

当下为什么要考虑目的呢？

因为一切都要从目的出发。我们花费大量时间和精力来探究目的，一定是因为它存在着某种意义。那么，这份意义是什么呢？

"目的很重要"这句话，我们平时都听到耳朵起茧了。"你要时刻意识到你的目的是什么？""你为什么做这个呢？""这项工作的目标是什么？"……你或许已经被别人追问过诸如此类的问题，听多了你会很不耐烦，心想，都这个时候了怎么还问这种问题。

即便如此，我现在也要重申目的的重要性，这是因为当今比以往任何一个时代都更需要重视目的。为了加深读者们的理解，请允许我在进入主题之前，先带各位回顾一下当今这个时代的现状。

现在我们身处一个怎样的时代呢？

我认为，它可以简洁地概括为 4 个字母：VUCA。每一个字母分别指的是：

· Volatile：动荡的；

· Uncertain：充满不确定性的；

· Complex：复杂的；

· Ambiguous：模糊不清的。

现在我们身处的时代是一个 VUCA 时代。数字化瓦解了固有的商业模式，社交网络服务（SNS）催生了新型的社群，大国间的贸易摩擦持续升级，未知传染病带来了致命的威胁……有几个人可以在十年前预见这些情况呢？但偏偏我们就出生在这样一个充满变数的时代。

那么，VUCA 时代为置身其中的我们带来了怎样的影响呢？恕我直言，参照过去经验来应对未来的思维方式——后视镜思维已经行不通了。在 VUCA 时代，即便像看汽车的后视镜一样回顾过去，在过去的延长线上也不会找到未来的方向（如图 1-1）。

让我们回想一下日本战后经济高速增长时期。那时，"只要更高效、更大批量地重复生产去年同款产品就可以了""只要在以

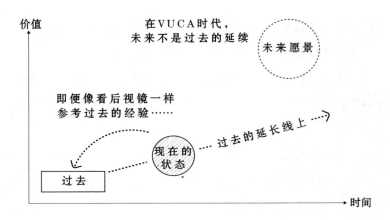

【图1-1】后视镜思维的局限

往的基础上进一步优化就可以了"，类似这样的思维方式十分盛行，甚至可以说是那个年代最有效的思维方式。

但是，时代已经变了，随着业务环境的变化，以往的行事方式瞬间就落后了。如果还按照过去崇尚的思路埋头苦干的话，甚至可能加速事业的衰亡。我们正处于这样一个艰难的时代。

在充满不确定性的时代之下实现理想未来的逆推思维

那么，在这个前路茫茫的时代之中，我们应该采取什么样的思维方式呢？开创美国新时代的著名总统亚伯拉罕·林肯说过："预测未来最好的方式就是创造未来。"这句话向我们揭示了在这个变幻莫测的时代之中渡过难关的思维方式。

不再沿着过去的延长线展望未来，而是先描绘出未来愿景。从这个未来愿景出发，立足于当下，寻找实现该愿景所需要的方案。换言之，**摆脱以过去为起点的后视镜思维，切换为以未来为起点的逆推思维**。完成这种思维方式的切换，是时代对我们的要求（如图 1-2 ）。

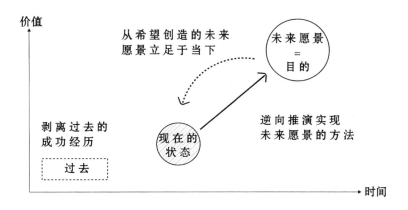

【图 1-2】充满不确定性的时代需要的逆推思维

接下来，让我们回到最开始的问题吧。

现在为什么要思考目的呢？

因为在这个凡事必须以未来为起点来考虑的时代之中，目的就是需要实现的未来愿景。正因为确定了前往何方，所以通过"如何到达那一步""实现那一步需要什么"这些倒推而来的设想才会一点点浮现。

反之，如果不知道自己想实现什么目标，那会是怎样的情况呢？

不清楚自己的目标的话，就会茫然地随波逐流。在这样的处境之下，不由得会想着"以前是怎么走过来的呢"，陷入参照过去经验的后视镜思维。但是，这种思维方式在 VUCA 时代已经行不通了。

在 VUCA 时代安身立命的必经之路是：一开始就要确定目的，并由此逆向推演出实现该目的所需的手段，即灵活运用有助于实现未来愿景的逆推思维。**今后的时代，没有人可以凭借默默等待就能实现未来愿景。只要你确定了想实现的目的，就一定可以创造出属于你的未来。**目的，就是为你铺设的起点。

目的：为实现全新价值而预设的未来终点

前文中我们围绕着"在这个瞬息万变的时代，目的为什么如此重要"做出了全新的阐释。接下来，让我们进一步解读目的的内涵，剖析它的本质。

我们之所以感觉目的不好理解，大多是因为它的内涵过于抽象，难以捉摸。为了直观地理解目的，我们现在按照以下步骤来认识它。

"为了什么"这一问题的答案，就是目的。

为了什么实行制度改革？为了什么引进新系统？为了什么调

整企业组织架构？为了什么实施企业并购？

这些为了什么的问题所指向的答案，就是目的。我们在实际工作中拟定目的的时候，提问为了什么是确定目的的根本方法。

不过，既然我们特地在此以一整章的篇幅来剖析目的的本质，那我们还需要进一步加深对目的的认识。正因为目的是思考的起点与重心，所以我们对它的理解更不能出现丝毫偏差。那么就让我们追溯目的一词的深意与本源，提取它的核心语义吧。

有三个英语单词可以表示目的：Purpose、Objective、Goal。

这三个词都有目的的意思，分别对应目的的不同性质。让我们综合这三个单词各自代表的目的的性质，深入剖析目的的本质。

先来看 Purpose，词源的含义是放在前面的东西（pur"前面"+pose"放置"）。这里的"前面"有两种解释：一是在当前时间点的前面，也就是未来；二是创造出比现在更高的价值。也就是说，Purpose 对应的关于目的的第一个性质是：**创造出更高价值的未来愿景**。"目的即愿景"这一观点便来自于此。

再来看 Objective，它由单词 object（对象）派生而来，而 object 和 target（目标、靶子）意义相似。也就是说，Objective 的意思是：预设目标。我们追逐目标的过程离不开人的主观意志，所以该词体现的是目的的第二个性质：**主观意志驱动下的预设目标**。反之，如果只有客观事实，没有人的主观意志，目的也就无法成立了。

最后来看 Goal，追溯词源（古英语的 gol）可以知道，它的意思是"限度、极限"。它代表目的的第三个性质：**终点**。这就意味着，中转点和途经点都不算是目的。

上述三个性质共同构成了目的（如图 1-3）。也就是说，目的就是**为实现全新价值而预设的未来终点**。这就是目的的精准定义。

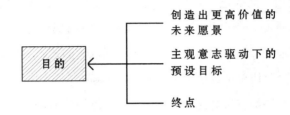

【图 1-3】目的：为实现全新价值而预设的未来终点

在此我想强调一点：目的不会沿着过去的延长线显现出来。在基于对未来终点的规划之上，今后会发展成何种状态、达到何种高度，完全取决于我们的个人意志。

无论过去或现在发生了什么，我们都可以自由决定未来要做什么、走多远。未来或伟大或渺小，完全取决于我们自己。

没有达成目的就完成的任务不算成果

目的指的是为实现全新价值而预设的未来终点。在这个定义的基础上，在工作上取得成果也就意味着，在工作上取得了什么样的成绩。对此，我们将会有更深刻的理解。

创造成果等同于达成目的。实现了某项工作的价值目标，说明这项工作做出了成果。反之，如果没能实现一项工作的价值目标，就不能将之算作成果。这可能听起来有些像废话，但是希望大家注意的一点是，创造成果不等于完成任务。即便各项任务都完成了，整个流程结束了，但如果未有助于达成目的，就不能称之为创造成果。

比如，假设现在安排你做市场调研的任务，目的是启动新业务。

展开调研时，你先是列举了公司的现状，然后调查现有业务关联的市场环境，最后呈上一份五十多页的演示报告，围绕公司现状的内外环境做了无比详尽的整理。

从总结报告的阶段来看，调研作为一项任务算是完成了。但是，这项工作创造成果了吗？如果要回答"这项工作是为了什么"，那显然是为启动新业务的决策提供思路。可是所做的工作（制作报告书）仅仅围绕现有业务的现状展开了调查，并没有回答"应该启动什么新业务""为此我们公司应该如何应对"等问题，这份调研可以说没有为实际决策提供任何思路。严格来说，**如果没有达到目的，就算完成了任务，也难以认定为取得了成果**。

如果我们的工作偏离了目的，每天就会被卷入应接不暇的工作当中，埋首于一项又一项的劳作，忘了工作是为了什么，我们绝不能将结束手头的任务当成目的。要是只顾处理繁杂的任务，忘记了工作目的，那就浪费了原本可以用来创造成果的时间。

创造成果等同于达成目的，但不等同于完成任务。我们不应该着眼于任务结束与否，而应该专注于是否有助于目的达成。

缺乏目的导致无法彻底解决严重的问题

上文的核心内容是：如果没有确定的目的，那就无法创造成果。当目的不确定时，我们无法判断一项工作对达成目的的贡献程度，也没办法做出必要的修正。事实上，缺乏目的会对工作造成全方位的致命影响。

那么，缺乏目的究竟会带来哪些具体的影响呢？

目的并非抱着"知道这回事就行了"这种半吊子的想法就能达成的。**"如果不能切实把握好目的，工作就会变成一盘散沙。"**为什么这样说呢？因为一旦缺乏目的，就会引发以下严重的负面影响：

- ·搞不清本该处理的问题是什么；
- ·无法判断事项的优先顺序；
- ·行动方向偏离核心；
- ·无法说服上司和下属团结一心。

我们来设想一个具体的场景吧。如果掌控现场的领导者是这样的状态，你该怎么办呢？

> ·下属问："我们应该处理什么问题？"他说："我不知道。"
>
> ·大家找他商量：应该往什么方向推进工作。他说："我判断不了。"
>
> ·尽管团队在非常努力地推进某事，他却对大家说："不需要做这项工作。"
>
> ·别人问他一项工作的最初目的是什么，他说："我也不太清楚做这个是为了什么。"

这样的工作根本就是无效的，原因无非有一点：缺乏目的。下面让我们深入剖析，缺乏目的带来的后果到底有多严重。

第一，**当缺乏目的时，我们会搞不清楚应该解决什么问题**。现在假设你被任命为新的销售部门的主管，交接的时候，负责人将所有事情都一股脑儿地丢给你，说一句"后面就交给你啦"。你肯定会一头雾水："交给我了？那我应该做什么呢？"如果不知道该部门存在的目的是什么，那就会搞不清楚应该朝什么方向努力。

反之，如果对方告诉了你该部门存在的目的是什么，又会是怎样呢？

假设该部门存在的目的是改善销售生产力（个人销售额）。于是，你会去看销售负责人的实际业绩，如果与销售额目标有差距，你自然会去寻找原因。这样一来，你就会留意到"推销新产品的技巧还不熟练""销售工具还不齐全""拜访客户次数太少"之类的问题。因为目的与当前现状之间的差距一点点浮出水面之后，待解决的问题就可以逐步确定下来。

第二，**当缺乏目的时，我们无法判断对策实施的优先顺序**。继续来看刚才的例子，你留意到了待解决的问题，准备在新部门采取相应对策。一方面，你可以采取"加大招聘力度，扩充销售人员"的对策；另一方面，你也可以采取"开展针对新产品推销的培训"的对策。这个时候应该优先采取哪项对策呢？

这两项对策都有望提升销售额。如果你所在的部门没有确定的目的，那你一定会纠结于优先采取哪一项对策吧。但是，如果目的已经确定为改善销售生产力，那么你就能立刻决定优先采取"开展针对新产品推销的培训"这项对策，因为增加人手未必会提高销售生产力。

第三，**当缺乏目的时，行动就会偏离核心**。假设选择了优先执行"加大招聘力度，扩充销售人员"的对策，接下来的行动就是：反复刷新招聘页面。但是这个举动对提高销售生产力毫无裨益。试想，你打开花费了大量时间、精力、经费建成的精致的招聘网站，却被上级骂"你在干什么啊，搞错目的了吧"，这个场景着实有点可怕。

　　到这里，我们已经看到了因缺乏目的而导致的负面影响——不清楚问题是什么、无法判断对策实施的优先顺序、行动偏离核心。接下来我想阐述的是：**不认真确定目的，就会陷入无法彻底解决问题的困境。**由于工作上取得的成果通过问题的解决情况体现出来，那么，缺乏目的就意味着无法创造成果。这就是前文提到的"你想把工作搞砸吗？只要忽略目的就行"的原因所在。

　　第四，**当缺乏目的时，组织和团队的行动就会停滞不前。**上司或是下属都没办法行动起来，这带来的后果将非常严重。

　　比如你跟上司商量：为了对销售人员进行培训，希望拨一笔预算聘请外部讲师。这时，上司一定会问培训的目的是什么，如果你支支吾吾地回答："因为……我觉得培训可以提升能力……"上司肯定不会同意。

　　但是，如果你的目的意识非常清晰，就能以下面的措辞来说服上司："我们公司一直以来在产品销售方面表现突出，但现有的销售水平已经不足以提高销售生产力。为了营销我们的新型服务，应该从公司外部引进经验、技术。因此，你可以批准一笔聘请外部讲师的预算吗？"

　　当我们带着目的意识说明必要性时，说服力一下子就提升了。

　　和下属交流的本质也是如此。

　　若是直接粗暴地命令下属"来参加销售培训"，可能会激发他们的抵触心理："日常的工作已经够忙了，怎么还要专门来参加这种活动""都什么时候了还来培训，不过是浪费时间罢了"。即便下属勉强来参加，也会让好不容易争取来的研修机会的效果大打折扣。

不妨换个方式对下属说："我想大幅提升我们销售团队的生产力。突破这个瓶颈的关键就是推销新型服务，所以我希望你们能通过这次技能培训，掌握推销新型服务的技巧。"比较一下这两种沟通方式的效果，你就会知道下属的接受度一定是天差地别的。

由此可以看出，**是否带着目的意识，对上下级的沟通影响重大**，它决定了整个组织能否"行动"起来。目的就是助推团队运转起来的动力。

目的这面旗帜，赋予了领导者权力

领导是以目的是组织和团队运转的动力的思想来推动组织运转，还是以论资排辈的传统思想来推动组织运转，是完全不同的。在未来的多元化时代之下，若领导者想要推动组织或团队运转，却一味地标榜上下级关系或是个人资历经验，将注定不得人心。

在此，我们分析一下领导拥有的**权力**，来深入理解其中的意味吧。领导在推动组织或是团队运转时，都是领导者的权力在发挥作用。而这份权力来自哪里呢？

当然，领导者的职位被赋予了奖赏或惩罚、升迁或贬谪他人的权限。可以这么认为，在一个组织中，权力通常来自上下级关系，或者来自不可替代的专业知识和经验。也就是说，这是一种通过职位本身自带的强势力量来推动组织运转的能力。

不过，像这样依托于论资排辈的结构，将领导者的意志强加于他人，被施加压力的那一方会作何感受呢？也许只能想着这是无可奈何的事情，于是默默承受了。但这是一种消极的态度——"上面要求的，只能照做"，以这种形式构建的关系必定缺乏认同感。像这样毫无干劲（缺乏动力）的状态，自然不能奢望得到下属的积极配合。

从今往后的时代，领导者的权力不再来自职位本身，而是向其他方向转变。向哪里转变呢？转到由领导提出的目的当中去。领导提出的目的如果能博得众人的认同，激发大家"我想做""我有义务去做"的意愿和使命感，那么大家就会自发聚集到目的的旗帜之下。

目的的正当性和必然性越是深入人心，就越能得到大家不辞辛苦地积极配合。这就意味着：**领导倡导的目的越有力量，领导掌握的权力就越大**。

因此，**我们要提出激发组织或团队的意愿和使命感的、符合多方共同利益的目的，清晰说明激发组织运转起来的、极具感染力的原因**。这是我们作为组织或团队领导者的立身之本，反之，如果没有目的这面大旗作为指引，那么我们必然会失去权力的根基。

目的是提高成果创造力的终极杠杆点

至此，我们讲完了因缺少目的而导致的四个负面影响。如果带有确定的目的意识，那么领导者就可以按照以下要点进行优化：

· 锁定亟待解决的问题，即避免没有价值的工作；

· 迅速判断优先顺序，即做判断时不再犹豫不决；

· 采取直击目的的行动，即避免无效的举动；

· 推动组织与团队的运转，共同创造成果，即摆脱身兼数职的困境。

看到这里，你可能会有点胆怯。不知道自己今后需要多大的能力才能做到这样。实际上，你只要把握好最关键的一点——目的，实现这样的理想局面就不再是遥不可及的梦想了。

首先，目的有助于锁定亟待解决的问题。只要目的确定，以此为基底，就可以看清应当解决的问题。当你越来越清楚想做成什么，现在的不足之处就会越清晰地浮现出来。由于目的与现状形成鲜明的对比，我们可以发现目的与现状之间的差距，因为现在的不足之处就等同于需要解决的问题。

其次，目的有助于帮助判断优先顺序。一旦确定了目的，就可以将其作为判断不同事项优先等级的标准。业务持续计划将保护人身安全列为首要目的，那么出现突发事件时，大家就会毫不犹豫地做出保障人身安全第一位，优先于建筑物、设备或其他资产的判断。

再次，目的也影响行动的实践，如果确定了最终的目的地，就可以集中精力去做应该做的事情。反之，可以逐渐减少一些与目的无关的无效行动。总而言之，目的可以极大程度地提高行动的生产力。

最后，目的可以推动组织和团队的运转。就像前文提及的，目的对于领导者来说，是调动众人的权力之源，如果领导者可以举起激发众人使命感和积极性的目的大旗，那么大家就会自发地聚集过来，不遗余力地予以配合。于是，领导者就能从凡事亲力亲为、身兼数职的困境中解脱出来，投入到更宏观的事业当中去。

上述成果优化的共同点就是目的在发挥作用。从这个层面来说，**目的就是提高组织或团队的成果创造力的终极杠杆点**。由此，我们必然要围绕着目的展开工作。

案例解答

说到这儿，让我们重新思考一下开头的案例吧。

虽然团队内部提出了大量的新业务方案，并且提出业务方案的过程耗费了团队每一位成员大量的心力，但是难以决定开展哪一项业务。然而，迟迟不做决策，就无法启动新业务，也就意味着现状没有发生丝毫改变，自然也就不会创造任何成果。

为什么无法做出决策呢？当然也有可能是因为做决策所需的市场和竞争信息收集得不够充分。有前景的好方案太多了，才会不知道选哪个更好。

但是，无法做出决策的根本原因在于：没有确定目的，不知道开发新事业是为了什么。如果始终不清楚为了什么，就无法决定"应该要做什么"。就好比你还没想好旅途的目的地，那怎么决定是坐车、坐飞机，还是乘船去？

开发新事业的目的，各家企业根据自身不同状况，存在各种各样的考虑。比如可能有以下目的：

· 开创新的核心业务；

· 辅助主营业务；

· 对冲现有业务的风险；

· 占据有潜力的新兴市场。

像这样确定开发新业务的目的之后，我们就可以制定判断标准，决定选择什么业务，应该舍弃什么业务。因为只有确定为了什么，才能够决定做什么（如图1-4）。

以目的为中心确定判断基准之后，就可以按照确定的依据来选

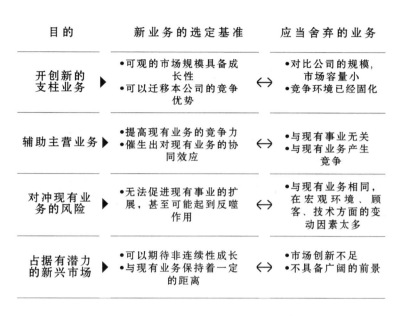

目 的	新业务的选定基准		应当舍弃的业务
开创新的支柱业务 ▶	•可观的市场规模具备成长性 •可以迁移本公司的竞争优势	↔	•对比公司的规模，市场容量小 •竞争环境已经固化
辅助主营业务 ▶	•提高现有业务的竞争力 •催生出对现有业务的协同效应	↔	•与现有事业无关 •与现有业务产生竞争
对冲现有业务的风险 ▶	•无法促进现有事业的扩展，甚至可能起到反噬作用	↔	•与现有业务相同，在宏观环境、顾客、技术方面的变动因素太多
占据有潜力的新兴市场 ▶	•可以期待非连续性成长 •与现有业务保持着一定的距离	↔	•市场创新不足 •不具备广阔的前景

【图 1-4】只有确定为了什么，才能够决定做什么

定业务了。目的性越强，那么上述依据的可靠性、接受度就越高。

　　但是，如果目的不确定，仅仅列出做什么，是无法做出令人信服的决策的。即便做出了最终决策，大家还是会心存质疑，不知不觉中只顾盲目推进工作。这样一来，就陷入了决策不够充分，或是发展出一个盲目劳作的集体。作为领导者，一定不希望看到团队陷入这样的局面吧。

　　凡事都以目的为先，以为了什么为开端。这就是自始至终贯穿本书的中心思想。

目的—目标—手段的三层金字塔结构

至此，我们已经看到了目的是什么，目的对工作的成果产生了多大的影响。

但仅靠目的是不能创造工作成果的。如果不辅以实际的手段来达成目的，目的本身将无异于空中楼阁。

达成目的的关键在于理解目的，理解达成目的的机制是什么。一般而言，只要掌握每一件事背后的机制，就能够掌控全局，如果理解了达成目的的机制，那么就可以有效且高效地掌控你的工作了。

那么，目的与支撑目的达成的机制究竟是什么呢？

这个机制就是**目的—目标—手段的三层金字塔结构**（如图 1-5 ）。

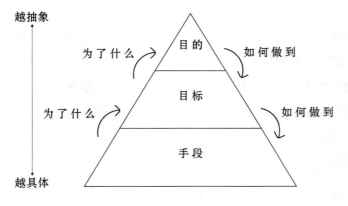

【图 1-5】目的—目标—手段的三层金字塔结构

·第一层：将应当完成的目的设为顶点；

·第二层：完成目的需要达成的目标紧随其后；

·第三层：达成目标需要的手段作为支撑的基座。

　　此时，目的位于该结构的顶点。这里应该关注的是，从上往下看是如何做到，从下往上看是为了什么。**沿着如何做到与为了什么两个方向，三层结构互相连接。这就是达成目的，创造工作成果的诀窍。**

　　像这样将创造成果的机制拆分为三层结构，每往下一级，目的就拆分得更具体，可以指导（掌控）实际事务的处理。此外，制定目标和手段是为了什么？即目标、手段的有效性是什么？可以通过上一层的内容（手段往上是目标，目标往上是目的）来确认。

　　也就是说，通过搭建目的—目标—手段的三层金字塔结构，**我们就能将抽象的目的转变为可以实施可控、有效对策的实际事务。因此，创造成果的准确度将得到质的提升。**

目的—目标—手段的三层金字塔结构的搭建方法

　　举一个日常的例子吧。

　　每年体检的时候，医生都会告诉我们需要改善哪些生活习惯，于是你下定决心照顾自己的身体。因此，你确定了以下目的。

目的：改善生活习惯，在下一次体检前，让身体恢复到健康状态。

这就是三层金字塔的顶点。

接着是第二层的目标，以目的为起点，进一步展开计划。

比如，针对刚刚的目的，可以设置以下目标。针对改善生活习惯的目的，可以制定关于饮食、睡眠、运动的具体目标。

饮食目标：一日三餐多吃蔬菜

睡眠目标：每天至少睡 7 个小时

运动目标：每天做一些简单的运动

接下来，规划与目标紧密相连的第三层结构——手段，这样就能够安排达成目标的具体措施了（如图 1-6 ）。

搭建了一个这么完善的方案结构之后，你是不是对达成目的这件事充满信心了呢？

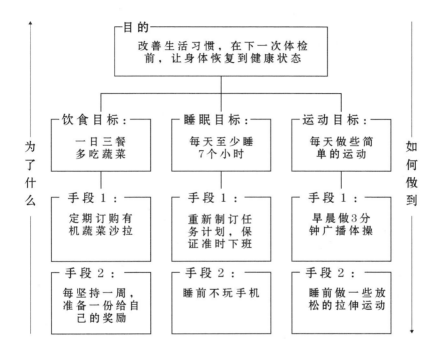

【图 1-6】串联目的—目标—手段的三层金字塔结构

别陷入将手段当成目的的误区

搭建目的—目标—手段的三层金字塔结构时，尤其要关注的一点是，无论是以从上往下，还是从下往上的视角来看，目的、目标、手段之间都没有任何阻滞，顺畅地连接起来了。换言之，搭建的重点是能否同时回答为了什么和如何做到这两个问题。

如果目的与目标之间的连接线断了，或者目标与手段之间的连接线断了，那么不论付出多少努力，也不会达到目的或创造成果。

这一点是需要带领组织和团队的领导者深刻领会的事实。团队成员按照你制定的目标拼命工作，可能加班到深夜、假期也不休息。如果这时发现努力了很久也达不成目标，或者针对目的设置的目标原本就是错的，结果会怎样呢？这对于带领团队的领导者来说，想想就令人脊背发凉。

因此，构建目的、目标、手段之间的连接线时，领导者必须始终保持高度紧张。团队会依照这条连接线来采取行动，这条连接线决定了团队行动的成果将如何呈现，当然还会反映在对团队的评价上，以薪资和升职的形式影响着大家的生活和人生。正是因为如此，我才会反复强调目的、目标、手段一脉相承的重要性。

经验主义者往往着眼于手段—手段—手段，也就是无论如何，先行动起来再说的模式。在根本不知道为了什么去做事的状态下，就只顾埋头于手头的事务。也许一开始这项事务是有意义的，但是随着时间流逝，人们不知不觉就忘记了做这件事的意义，反而将完成事务当成了所谓的目的。注意，别陷入将手段当成目的的误区。这只是制造了工作忙碌的假象，别指望这样的做法会产生任何价值。

通过目的—目标—手段的三层金字塔结构实践逆推思维

说到这里，让我们回想一下前面提及的逆推思维。实际上，**以从目的出发，实践逆推思维的角度来看，目的—目标—手段的三层金字塔结构与逆推思维其实是以同一理念为基础，只是表达不同。**目的是逆推思维的核心要素，是立足于当下的未来起点。

就像刚刚所说的，逆推思维是以未来愿景为起点，去思考实现未来愿景的方法。这与以目的为起点，为达成目的而设置目标和手段的三层金字塔结构的思维方式是一致的。

因此，逆推思维看起来有些抽象，却可以通过搭建三层金字塔结构来应用实践（如图 1-7 ）。

相信看到这里，即使身处前路茫茫的 VUCA 时代，我们也能够认清自己应该采取什么思维模式了。它在概念上被称作逆推思维，在实践上是从目的下行到目标、从目标下行到手段的三层金字塔结构。其中，**目的被放在思考起点的位置，所有思考都必须从目的出发。**这就是本章重点强调的内容。

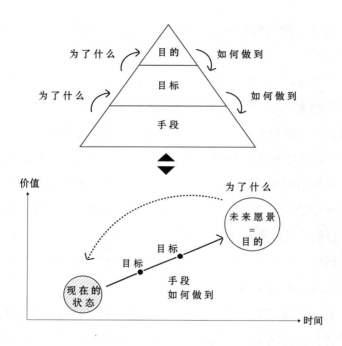

【图 1-7】三层金字塔结构与逆推思维的理念是一致的

目的与手段的关系：再细微的工作都有目的

读到这里，可能有些读者会感觉这些话题未免有些夸张，或是跟自己没什么关系，其实大家误解了。在这里我想声明一点：再简单的工作都是有目的的。

让我们回想一下平时的工作吧。即使是发一封邮件，你可能也怀着以下这些对未来的期待：

> ·为了防止团队出现失误，提前向成员说明协作时
> 需要注意的地方；
> ·为了解决项目上的难题，与上司探讨方案；
> ·为了帮助客户解决问题，联络对方商讨原因与
> 对策……

"为了防止团队出现失误""为了解决项目上的难题""为了帮助客户解决问题"……这些都是发邮件的目的。即便是一些细微的工作，也隐含了你希望的未来愿景。对目的越敏感，哪怕是发一封邮件这样的小事，你都能够意识到其中蕴含的目的。

即使眼前小事的未来愿景微不足道，它也终将通往更广阔的目的与未来愿景。比如"防止团队出现失误"这个目的有助于避免进度的延误，保证在三个月后的决策会议上获得预算批准。进一步来说，获得预算批准可以保证必要的人力与物力到位，还能推动新业务的落实。当然，新业务落实的前方还有类似于解决全球水资源不足问题这样的宏大愿景。

另外，我们通过邮件传达协作中需要注意的地方，接着就会确定手段。比如，让你搞清楚出错的环节，为此，你需要询问经手过类似工作的同事 A。这样一来，你就应该仔细掌握同事 A 的会议日程。

　　由此可见，目的与手段的关系其实是由前后的关联与顺位决定的，哪怕是处理再微不足道的小事，都要带着目的意识（如图 1-8 ）。**我们要做的是，瞄准前方的目的，不遗余力地达成自己应该达成的目的。**

　　那么，我们如何确定自己应该达成的目的呢？

　　这个话题就交给下一章吧，我们先来对本章进行总结。

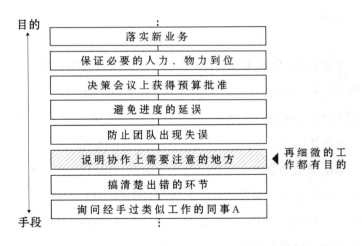

【图 1-8 】目的与手段的关系始终是由前后的关联与顺位决定的

确定目的，可以有效地取得事半功倍的成果

我们在本章思考了目的是什么，以及目的的重要性。

目的作为为实现全新价值而预设的未来终点，是在 VUCA 时代安身立命的逆推思维的核心要素，也是思考的起点。当目的模糊不清时，我们就不知道应该往哪个方向努力，只能像无头苍蝇似的乱窜。虽然自己做好了全力以赴的准备，但是做事时却偏离了目标的焦点，最终只能是白忙活一场。

但是，**如果我们确定了目的，无论应对何种局面，我们都可以做到取舍与专注**。因为可以沿着达成目的的路径去锁定亟待解决的问题，判断优先采取什么举措，采取适当的行动，从而实现事半功倍的效果。

因此，目的就是提高组织与团队知识生产力①的终极杠杆点。**一个目的的设定方式就可以彻底改变目标的设定、问题的理解方式、对策的判断与行动的实践方式**。这是一个放之四海而皆准的根本原则，无论什么时代、地点、职业或是工作内容，通过确定目的来推进创造成果都是普适的，甚至可以说是一种捷径。

因此，一切从目的开始

综上所述，在工作中一开始应该考虑的既不是提出议题，也不是提出假设。

---

① 知识生产力：生产过程运用知识而产生的生产力。

"从目的开始。"这是一条我们应该达成共识的标语。

没有目的，我们就无法设定适合的议题，也无法提出有效的假设。

在日本，大家普遍都不太好意思问别人类似于"你为什么做这件事""做这件事的意义是什么"的问题，但是按以往经验来看，工作中经常出现相关人员对目的的认识不统一，导致最后在判断和行动上不一致的情况。有时面对一些客户事先已经开展了的项目，我们会问对方："由我方来提出这个问题可能会有些不恰当，但贵公司做这些是为了什么呢？"

那么，如果在组织中感觉目的模糊不清时，我们应该怎么做呢？

请你大胆提出疑问：**这项工作一开始是为了什么而开展的呢**？

"做这项工作是为了什么"不是一个愚蠢的提问，也不是逃避做这项工作的借口。这其实是一种探究思考的起点与方向的战略性尝试。不知道船开往哪个方向，就无法判断这艘船是否能让自己离目的地更近。

另外，当我们需要回答"目的是什么"这个问题时，又该如何去探寻答案呢？

这就关系到领导承担的最重要的工作——确定目的。

我们将在下一章讨论其中的诀窍。

第 2 章

如何确定目的

目的决定了一个组织或团队在未来创造成果的潜力。它是领导者权力的来源，能够形成一股吸引众人向其靠拢的向心力。能否充分发挥目的的影响力，取决于领导者能否确定一个合理、精准的目的。作为领导者证明其存在意义的生命线，确定目的是领导者必须履行的职责。本章就让我们来探讨如何确定目的。

案例研究　思考开发新产品的战略意图

假设你是一家生活用品制造商的产品开发部员工，此前一直负责市场和顾客调研工作。产品开发部由多个开发小组构成，最近你被提拔为其中一个小组的负责人。在接任小组负责人时，部长语重心长地对你说：

"我们公司一直以来通过自主研发技术，实现了稳步发展。近几年，现有产品品类的发展趋于成熟，进入了增长停滞阶段。为了今后的业绩增长，当务之急是开发一款新产品。希望这款新产品能成为新的业绩增长点。"

在说完开发新产品的想法之后，部长对你提出了这样的要求：

"你曾听取过大量的顾客意见，可以说是全公司最了解客户想法的人了。我想把新产品开发的项目交给你全权负责。产品主题或目标客户群体等事项尚未敲定，你就按自己的想法去做吧。给你一年时间，明年投放市场。"

听到这个产品开发要求，你可能会想，这简直就是让你自由发挥嘛！于是，你开始思考从哪里着手，然后就想道："第一步是确定目的：开发新产品是为了什么？"

为了什么开发新产品就是目的。当从提高公司竞争力的角度来思考这个问题时，这个目的就是开发新产品的战略意图。

日常生活中确定目的的方法，可在商业环境中使用

本章的主题是：如何确定目的。

如果摆出一副如临大敌的架势对待这个问题，那你接下来可能准备的是一个宏大的使命或一个崇高的信念。放轻松，你不需要这样，我们在日常生活中都已确定过或大或小的目的。需要确定的是，确定目的并不是一项只有领导者才有资格担任的工作，

而是一件与我们的生活息息相关的平常事。

假如你喜欢上了一位认识三个月的女生。你们每天互发消息，多次约会之后，你决定在两周后，也就是她生日的那天向她表白。此时，你自然就会有一个目的：表白成功，和她交往。

为达成这一目的，你肯定会使出各种手段，比如制订当天的约会计划、挑选礼物、准备表白时要说的话等。

又或者你正在考虑换工作，想要"换一个符合我现在生活方式的工作环境"。根据这个目的，你可以判断准备跳槽的公司是否适合你。因此，我们的大脑会自然而然地启动思考目的的机制。

每个人平时都会自然而然地确定一些目的。确定目的的行为并不要求人们从头开始学习某种特殊的技能，每个人平时做事情已具备确定目的的能力了。

让我们参考这一既定的事实，学习如何确定商务目的吧。首先我们要认识到日常生活与商业环境有所不同。

目的凝聚人心

那么，在商业环境中确定目的与在日常生活中确定目的到底有何不同呢?

不同之处在于组织。与日常生活不同，企业是由组织开展的生产经营活动。在不同的场景中，确定目的的方法也会有所不同。从组织的层面来看，目的确定有以下特点：

    · 目的将团体中散漫的个体凝聚起来，凝聚为目标一致的组织；

    · 对应组织中不同层级的人员，目的也可分为不同的层级。

这是怎么回事呢？组织本来是由背景各不相同的成员组成，每位成员都必然有着不同的价值观、志向和好恶，因此组织一直存在各自为营的风险。为了凝聚分散的成员，让大家保持步调一致，必须为整个组织设定一个共同的目的地。那么，原本各行其是的大家，这时就会汇聚在一起，往一个方向前进（如图2-1）。

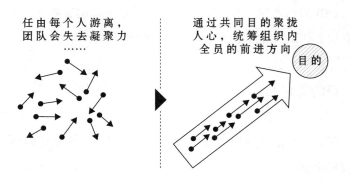

【图2-1】目的可以凝聚组织的人心

为成员们设定共同的目的地，为团队指明前进的方向，这就是目的在组织中的作用。换言之，在商业环境中确定目的，是基于凝聚分散的力量这一确定的意图来进行的。

从多样性与包容性的角度来看，目的发挥了容纳不同成员的聚集作用。反之，**只有当发挥了聚集作用的目的展现出包容性时，才有可能实现真正的多样性**。否则，要么组织将会在混乱不堪的状况下分崩离析，要么多样性最终沦为空谈。

和组织一样，目的也分层级

此外，与日常生活的目的不同，**商业目的采用的是层级结构**。这是因为层级化的组织本身就是一个大型的问题解决机构，这就是组织的本质。所以，我们要充分理解这一点。

请各位想象一个组织结构图，展示我们拟定目的的组织结构（如图 2-2）。

从上往下看，组织结构图的顶端是 CEO（首席执行官）等所在的高层，他们制定了公司的使命与愿景、目标销售额与利润标准，决定了公司全局发展方向的上层目的，上层目的伴随着"如何彰显使命，实现愿景""如何提高销售额与利润"之类的诸多问题。合全公司之力来解决诸多问题的，便是以"企业"为名的组织。

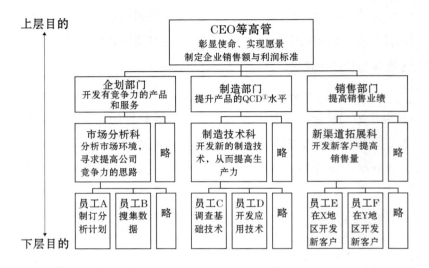

上层目的

下层目的

【图 2-2】目的构建组织中的层级结构

　　为了解决问题，高层给下一层的结构，也就是向各个部门分别设定该部门需要达成的目的。比如，企划部门的目的是"开发有竞争力的产品和服务"，制造部门的目的是"提升产品的 QCD 水平"，销售部门的目的是"提高销售业绩"，各部门的目的不尽相同。由于这些都是下级组织为实现上级目的而确定的目的，因此我们称之为下层目的。

　　再者，这些部门内更小的组织单元也会设立"为实现对应的

---

① QCD：Quality（质量）、Cost（成本）、Delivery（交付），是生产管理领域的重要术语。

上层目的"的下层目的。比如，企划部的市场分析科是"分析市场环境，寻求提高公司竞争力的思路"，制造部的制造技术科是"开发新的制造技术，从而提高生产力"，销售部的新渠道拓展科是"开发新客户，提高销售量"等。

组织的最小单元则是各个岗位的员工，他们每个人都有自己的职责，按照各自负责的目的展开工作。这种层级分工制就是一个组织的存在形式。

组织的顶端是高层确定的上层目的，下级部门为实现上层目的确定各自的下层目的。**从上到下，根据组织的结构分层，目的也相应地出现了分层。**如此一来，各部门的任务就是解决各自的问题，以实现所在层级的目的。由于各部门的目的不同，需要各自解决的问题当然也不一样。

想要确定组织上下一致的目的，必须做到纵览全局

各部门通过解决各自的问题，来完成各层级的目的，然后将工作成果逐层向上传递，最终实现整个组织的上层目的。

从这个意义上说，组织就是一个巨大的问题解决机构。因此，组织结构图与解决问题时使用的"金字塔结构图"或"树状图"的形状相同也并非巧合。

那么，这对于确定目的有什么启发呢？

我们可以从中意识到，为组织确定目的时，**必须把握好你所在位置的上层目的和下层目的，时刻保持上下一致。**这种联结一旦切断，工作成果向上层目的传递的上行进程就会中断。

正因如此，作为中层领导（科长或股长），确定目的时需要跳出自己所处的位置，放眼整个组织，纵览全局，了解上一级的上层目的打算实现什么、下层员工需要配合什么。在这种纵览全局的视野基础上，我们才能完整地设定上下一致的目的。

将组织目的落实到"一线目的"

当我们联结上层目的与下层目的时，**要注意上层目的和你所在的团队之间是否存在着断层。**比如，如果上层下达的目的是解决地球能源问题，恐怕你的下属无法开展任何工作。因为上层目的过于抽象，一线员工捉摸不透上层的意思，无法就此展开行动。

因此，为了不让上层目的落空，身为领导者的你，需要将上层目的"翻译"成基层员工能听懂的语言，以便你们的团队能够正常推进工作。这里所说的"翻译"指的是，你必须先反复琢磨、深刻理解公司的经营意图，然后自己组织语言向基层员工重新解释一遍，从而将高层的意图与基层的行动联系起来，确保整个组织从上到下步调一致。

可是，如果"翻译"得不好会怎么样呢？没有完全琢磨透上层目的的含义，凭自己的一知半解向团队传达信息，团队成员如果消化不了，工作就会陷入瘫痪状态。如果你只是告诉团队成员要提高营销生产力，那么你只能收到一线人员的疑惑："那到底应该怎么做啊……"领导者的职责可不仅仅是朗读、下发文件上的经营方针。

还有一种情况，万一我们"误译"了上层目的怎么办？团队所做的工作就不利于上层目的的实现了，付出的努力也不会得到认可。如果将上层"推进结构改革，实现业务的精益化运营"的目的，误译为"加快开发新产品，壮大业务实力"，那么就算你再怎么努力制订新企划，换来的也只会是上级的斥责：明明跟你说的是增强核心业务实力，为什么又增加多余的业务？

"翻译"的行为连接了组织的基层和高层，推动组织运转，这是管理层级的中层——实际业务领导者的特定职责。这一行为具有决定性的影响力，既可以促进整个组织运转顺畅，反过来也可以造成混乱的局面。当你成功"翻译"了上层的经营方针，重新组织语言向基层传达时，你就成为企业高层与基层员工之间的桥梁。

依据职位确定与级别相符的目的

现在我们已经基本了解了商业环境中存在不同层级的目的，接下来让我们谈谈确定具体目的的技巧吧。

在实际确定目的时，一开始应该先确定一点：**确定哪一个级**

别的目的。

我们先来回顾一下上文提及的：目的随着一个组织从上到下的层级结构出现分化。一个组织的目的分为大大小小多个级别。既有宏观的目的，如为全人类可持续发展的未来做贡献，也有具体的目的，如拿下新客户 XX 公司的大单、提高产品 A 的成品率。

因此，我们不要将目的设想得过大或过小，而是要令其符合我们所处级别的本职目的。那我们怎样才能找到符合自己的级别呢？

答案就是：**目的等级对应自己在组织内的职位即可**。

组织中的 CEO 位于顶层，下面是各职能部门和从属于各部门的员工，对应这些职位的目的级别各不相同（如图 2-3 ）。

组织中的职位			目的等级	
公司顶层	CEO 高管	↔	全公司的使命与愿景"为人类福祉做贡献"	在组织中所处职位与目的的等级
行政最上层	总裁 行政部长	↔	企业的使命与愿景、企业的经营问题"用本公司产品解决能源问题"	
上层	部长	↔	部门的工作计划、所有工作主题的管理"利用尖端技术构建重点发展的新业务"	
中层	科长 股长	↔	工作主题责任单位的内部策划、运营、管理"探索尖端技术，找到有价值的商业用途"	
实务层	普通职员	↔	按照上级计划和指示展开工作"在未来两周总结技术调查数据"	

【图 2-3 】组织中的职位与目的等级相对应

假设你在企划部担任中层领导。一般而言，在这种情况下，你的目的等级应该与部门的层级相当。当你开始确定目的时，第一步是确定上层目的是什么。假设此时上层目的是"利用尖端技术构建重点发展的新业务"，那么，你作为中层领导，应该制定的目的就是钻研尖端技术、开发有价值的商业用途。

这就是一个与上层目的保持一致的、符合特定活动范围的目的。确保组织中各级步调一致的关键在于，承担各自职责的人员在恰当的级别上确定相应的目的。

原则上来说，**第一要义是立足于自己的职位层级，确定应该承担的目的**。如果直接将上层目的当作自己的目的来传达，大家就会质疑你：话虽如此，可你打算怎么做呢？如果将下层目的当作自己的目的来汇报，上级就会责备你：能不能有点大局观？

重点是目的等级应该与自身职位相匹配，让我们以此作为确定目的的基准吧。

在时间轴上划定目的跨度

让我们在水平方向画一个长箭头，并定几个点来划分间隔，一条时间轴就画好了。如果将确定目的的依据——职位作为空间轴，那么目的持续的时间跨度应为确定目的的第二条轴线。

根据预设时间轴的不同长度，目的范围也会截然不同。如果预设只有一周到二周的短时间跨度，那么可以确定等级相对较低的目的。而面对完成对竞争对手市场份额的分析、提取例会讨论的重要课题并总结应对措施的目的，则需要预设更长的时间跨度。

那么，如果将时间跨度放大到未来的三到五年，确定的目的就会变成决定企业重大发展方向的大型目的，如精选并专注于现有业务以提高竞争力、构建新的核心业务以应对经营环境的变化等。

总而言之，**目的等级随时间轴的长短而定**。为把控目的跨度，自己心里最好要有时间轴的意识。具体来说，只要我们按照超长期、长期、中期、短期和近期五种基本的时间划分，就会更容易确定目前应该确定何种跨度的目的（如图 2-4 ）。

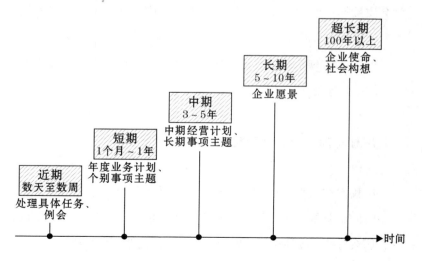

【图 2-4】确定多大跨度的目的

那么，我们应该如何选择合适的时间轴来确定目的呢？**这个问题的关键在于，如何在与职位契合的时间轴上确定目的。**

假设你担任中层领导，你去思考"企业愿景是什么"就不太合适，这个问题超出了你的时间轴范围。作为一名管理基层的实际业务领导者，你首先关注的应该是未来几个月或一年内必须完成的事项，或者是处理下周，或者下下周必须要解决的课题。总之，我们要全力履行当前职位对应的时间轴所涵盖的职责，更要意识到这是划定时间轴的基本要求。

为避免误解，我想强调的一点是，这并不意味着中层领导不可以高瞻远瞩，展望未来。保持大局观，纵览组织的全局目的，有助于保持组织的上下一致，同步运转。而培养这种大局观，非常有利于我们开发未来无限的可能。

此处我想说明的是，**在组织中，总有些目的只有你才能实现**。在确定目的时，确定这一类目的是什么，是确定目的的立足点。

当你有所成长，不再适合当下等级的目的时，更高阶的目的自然就会出现。到那时，围绕在你身边的人们肯定也都盼望你能承担更大的责任。因此，你没必要急于盯着远处的目的。

使命与意志：催生目的的驱动力

空间和时间为确定目的提供了基本框架。然而，仅凭一个外部框架，目的是不会自动生成的，还需要**驱动力**来促使目的产生。

让我们回顾一下目的的性质——Objective。只有当事人在主观意志（思想）的驱动下锁定目标时，目的才会应运而生。仅凭客观事实，目的是无法成立的。举个例子：就算你列举再多旅游景点的信息，如果没有"我想去这个地方"的主观意愿，就无法确定目的地。你内心的想法才是确定目的的力量之源。

那么，确定目的的驱动力是什么呢？我认为有以下两点：

·应该做什么是使命；
·想做什么是意志。

什么是使命？

在商务场合，当看到产品开发部和销售部之间冲突不断时，你的使命是"我们应该建立一个有利于产品开发部和销售部紧密合作的机制"；当看到销售人员仅限于回访老客户，销量频频下降时，你的使命是"销售部应该多拓展新客户，扩大市场规模"。

当我们以这种方式确定目的时，使命作为驱动力才能发挥出重要作用。反之，在工作欠缺使命感、流于形式的状态下确定的目的，绝不会形成感召众人的力量。

那么，催生目的的另一股力量——意志又是什么呢？使命源于理念、责任等，而意志则源于一定要做某事的意愿。"我想跳出产品销售的框架，打造平台商业模式""我希望将我们的工厂建设为领先世界的尖端科技工厂""我打算利用数字化技术搭建一个智能销售团队"等，这些都是由意愿催生出的目的的初始形态。

使命（应该做什么）与意愿（想做什么）为目的注入了能量，在职位和时间轴的框架基础上，再倾注使命和意志的力量，于是目的产生了。

暂不考虑当下能力如何

此处需要注意的一点是，确定目的时，我们暂时不必考虑自己的能力如何、自己能否做到。

每次确定目的的时候，总会听到有人说"我目前的能力根本做不到"，他们用当下的能力来束缚自己未来的发展。然而，若从一开始就纠结于能否做到，那么目的的实现就会受到限制。若你局限于狭隘的现状，就失去了创造新价值的前景。

局限在先入为主的观念中，会过早地扼杀原本可以实现新价值的机会。因此**在确定目的时，暂时不要顾虑能否做到的问题，先从应该做什么和想做什么开始思考**，确定目的之后，再思考如何实现。如果你想创造出全新价值，一定要遵循这套流程的先后顺序。

能力不过是达成目的的一种手段。如果当前能力有不足之处，那么可以根据目的需要，增强自身能力，或者寻求外部的帮助。毕竟，能力会随着目的的推进而不断提高。况且，一个人想要创造全新价值，本来就应该不断提高自身能力。既然目的是为了实现未来的全新价值，那么实现这种价值所需的能力不应该局限于现在，而应以未来为方向。

这就是为什么圣雄甘地为我们留下了这句箴言："找到你的目的，方法便会随之而来。"

确定目的需要的不是分析思维，而是综合思维

职位、时间轴、使命、意志——现在我们已经集齐了这些确定目的的要素，最后要怎么做才能输出目的呢？

答案是，**在找到一个令自己满意的目的之前，不断追问自己为了什么。这就是确定目的的捷径。**

让我们回想一下常见的问题解决思路吧。通常我们会将一个大问题拆分成小问题，然后针对小问题逐个击破。这个过程中，我们使用了将大问题细分为小问题的分析思维。

然而，要是在确定目的时运用分析思维，就会导致我们完全背离原定的前进方向。这是因为目的的出发点是将各个单独的部分汇集到金字塔顶端，一旦我们对目的进行细分，就会远离顶端

的最高目的。因此，分析思维对确定目的无效。

那么，运用怎样的思维方式才能确定目的呢？

我们要把分析思维转换为"归根结底，我们应该追求的是……"的综合思维。通过追问"归根结底，我们应该追求的是……"，结合自己的职位、划定的时间轴跨度、意志、使命、组织内部的问题意识与要求、外部环境的变化等要素，汇集为一个目的（如图 2-5），这就是综合思维的运行方式。

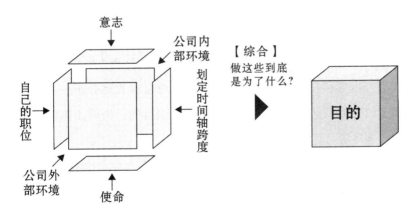

【图 2-5】确定目的需要的不是分析思维，而是综合思维

也许综合思维这个词对大家来说比较陌生。因为分析思维是一种可以通过树状图或图表等可视化的方式来解释的方法论，而综合思维则是由大脑中看不见的黑匣子进行处理的，属于一种不直接用图表等展示的隐性知识。

尽管如此，这也并不代表我们会无从下手。可能连你自己都没有意识到，我们在日常生活中也经常运用综合思维。比如，观看动画电影《幽灵公主》的时候，我们会想："这部电影想表达什么呢？"这其实就是一种综合思维。当我们将影片的背景、人物、围绕角色展开的事件及其结局汇总到一起，领悟到"啊！这是针对环境破坏问题对人类的警示"的瞬间，就是综合思维在发挥作用。

在组织中职位越高的领导者，越需要综合思维能力。这其实很好理解，因为在纷繁复杂的经营环境中，领导者的使命就是当机立断，为大家指出一条明路："我们要朝着这个方向前进。"随着当今世界科技水平的蓬勃发展，人们总是喜欢将分析一词挂在嘴边。在此我想强调的是，作为确定组织目的、指明团队前进方向的领导者，**更应该注重综合思维**。

深究目的的反向发问

通过"归根结底，这是为了什么"这个问题来确定工作目的，是一种从正面探究目的的正面迎击法。可是，如果只使用正面迎击法，往往会导致我们思维松散、忧虑不安。所以，我们要转换思维角度，从反面审视目的。为此，不妨问问自己下面这个问题："**如果不做这项工作会怎样？**"

　　我们做某项工作，一定是因为这项工作会带来一些新的价值。从反面的角度来看，这也就意味着如果不做该项工作，就会损失一部分未来价值。

　　当然，这里所说的未来价值就是工作的目的。因此，提出"如果不做这项工作，会损失什么价值"这个问题，可以为我们提供一个洞悉工作目的的切入点。

　　以我们熟悉的实际业务为例。假如你接到为下周的部长会议做准备的指令，在确定会议目的时，面对"开这场会议是为了什么"的问题，正面迎击法令你毫无头绪的情况下，你可以试着反向提问："如果不开这场会议会怎样？"这样一来，你就能更快地想明白开这场会议的目的是什么了：

　　"如果不开这场会议，部长就不会了解现在团队所面临的重大问题并解决它，未解决的问题只能被搁置一旁，大家手头上的工作将因此无法进行下去……"如此看来，此次会议的目的应该是：向部长汇报现在影响工作进度的问题，请部长指示解决问题的思路。

　　目的是一种看不见摸不着的抽象存在，所以，仅仅一味地思考为了什么，思维便容易陷入误区，想必你也陷入过"不停追问为什么"的迷宫吧。沉浸在冥思苦想的状态可不都是值得赞赏的，正确的做法是找到别的切入点，换一个角度，找到有效的方式。对此，**反向提问**的效果就非常显著。

确定目的的步骤

到目前为止，我向各位介绍了确定目的时所需的思想上的准备和基本要点。请牢记这些内容，接下来我将展示确定目的的步骤，也就是具体方法。

步骤一：把握工作中的上层目的及其背景

在组织中确定目的时，首先要把握好上层目的是什么。接下来，我将设定一个具体的商业情景，帮助大家在实践中理解这一点。

假设你就职于一家办公设备制造商的销售企划部，担任大型城市圈的第一销售企划科科长，正在为手下的团队制订下一年度的工作计划。

因此，原则上你要先核实自己效力的上层目的是什么。于是你了解到，整个销售企划部下一年度的工作方针是销售部实现经营精益化，即你的上层目的。你需要贯彻这一上层目的，并确定你团队的目的。

现在我们已经确定了上层目的，下一步是思考我们自己的目的。不过，在这一步之前，我们可以先暂停一下。虽然我们理解了上层目的，但这还远远不够，因为仅仅理解上层目的的表面意思可能会导致我们误读上层领导的意图。

那么，**在确认上层目的同时，还需要了解什么呢？那就是上**

层目的的深层背景。任何目的深处都存在特定的背景。背景指的是目的设立的由来和契机。具体一点说，背景是一种必然推动该目的成立的问题意识。它包括企业面临的困境（如某件事进展不顺）和改革的需求（如必须办成一件事或必须进一步推进某件事）等。也就是说，背景负责解释的是"为什么必须达成那个目的"。

如果没有充分把握背景，对上层目的的理解仅仅浮于表面，会出现什么情况呢？坦率来说，这会导致误解和误译，接下来也就无法创造出理想的成果。

为了理解这一点，让我们来看一个案例吧。

上层目的是销售部实现经营精益化，光看字面意思，或许可以理解为：

"经营精益化的意思是果断摒弃销售部多余的业务吗？仔细想来，我们公司产品阵容强大，光是处理现有的产品类目，销售部就已经不堪重负。如此说来，我们可以精简目前的品类，专注于核心产品的销售，以实现经营精益化。"

当然，这种理解未必就是错的。然而，如果确定上层目的的销售企划部部长考虑到了以下背景，结果会是什么样呢？

"我们公司也受到了少子化和老龄化的冲击，近来面临新员工招聘难、退休员工数量增加的困境，销售部也不例外，今后恐怕很难大幅扩张销售部的规模。但我们可以发挥本公司的品类优势，扩充产品线，拓宽销路。因此，我们要减少当前冗杂的销售工作，专注于高附加值的业务，实现经营精益化。"

若是不了解上述背景，贸然精简品类的话，就违背了上层目的的本意。而误解上层目的，会导致误译的严重后果（如图 2-6 ）。

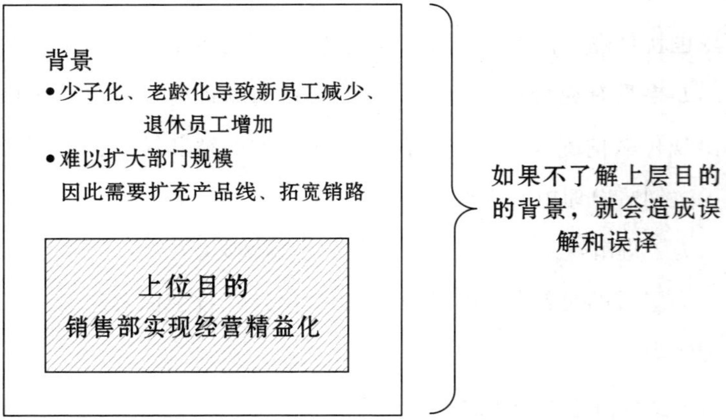

```
背景
• 少子化、老龄化导致新员工减少、
  退休员工增加
• 难以扩大部门规模
  因此需要扩充产品线、拓宽销路

  ┌──────────────────┐
  │  上位目的          │
  │  销售部实现经营精益化 │
  └──────────────────┘
```

如果不了解上层目的的背景，就会造成误解和误译

【图 2-6】把握背景，加深对目的的理解

由此可见，目的和背景就像一枚硬币的正反两面，必须作为一个整体来把握。只有将目的与背景结合起来进行深入理解，才能正确把握实际意图。这种深刻的理解能帮助我们在组织中确定上下一致的目的，向一线团队准确传达有利于创造工作成果的信息。

值得一提的是，在咨询顾问写咨询建议书时，第一页一定是从标题"背景与目的"开始的。因为这是梳理业务脉络，以合理的目的指明发展方向的根本前提，必须放在全文开头。

步骤二：借助职位和时间轴把控目的范围

把握工作的上层目的和背景之后，接下来就要进入重头戏——确定目的的阶段了。此时你需要把控目的确定的外部框架：职位和时间轴。一旦忽略了这两个要素，你确定的目的要么志向过高，越出职责范围；要么谋虑过浅，影响力达不到当前层级。

因此，我们先来确定本案例中你的职位和时间轴吧。

·职位：直属销售企划部的第一销售企划科的中层领导；
·时间轴：策划下一年度的事项，假设为期一年。

也就是说，你现在是第一销售企划科的中层领导，需要确定未来一年的目的。只要在这个框架内确定目的就行。

反之，如果脱离了这个框架，目的就会偏离它本该符合的级别。假设你是一位刚刚晋升为中层领导，还没有摆脱一线业务层（普通员工）的思维模式。如果你仍未跳出过去的角色，确定目的还停留在制作一本吸引客户的销售手册之类的角度，对你现在的职位来说，这就过于狭隘了。

又或者，如果我们无视一年的时间轴跨度，确定组建世界第一的办公设备销售团队的目的会怎样呢？当然，展望未来的梦想可以起到鼓舞斗志的作用。但如果将其设定为团队一年后的目的，这不仅严重偏离了未来一年的工作内容，还无法与上层目的保持一致。

　　承担起自己岗位应履行的职责，这是确定目的的基本要求。能够坚定地实现自己应该履行的目的，创造的工作成果将会助力上层目的的实现，最终实现整个组织的成果创造。因此，确立职位和时间轴的外部框架，对于确定级别恰当的目的而言至关重要。

步骤三：追问为了什么，并用文字记录想法

　　现在你已经核实了上层目的的背景，确定了职位和时间轴的外部框架，终于到了确定目的的阶段了。此时，请回想一下前文提及的：你的使命和意志是目的确定的力量之源。

　　具体来看就是，你希望借助当前的团队和工作，达到怎样的状态？实现什么结果？

　　如果缺乏工作激情，那你确定的目的将会很空泛。因此，要深度剖析自己应该实现什么、想获得什么结果。

　　在本案例中，假设你的动机如下：

　　"近年来，我们的业绩的确有所增长，与客户的关系也更加紧密了。然而，整个团队却满足于现状，对待本职工作没有全力以赴。作为一个团队，我们本可以发挥出更高的价值，应该达到那样的状态。"

　　你从中感受到的使命，就是本案例中目的确定的动机。先牢记这一点，接下来，让我们通过下列问题来逐步拨开目的的迷雾。

"我们第一销售企划科开展各项工作是为了什么？"

或者，你也可以"反向提问"：**"如果第一销售企划科不开展这些工作会怎样？"**

在问自己这些问题的同时，将脑海中出现的目的一个个写下来。此时，你需要将自己想到的备选目的形成文字并写在纸上。持续思考为了什么，常常会导致思维来回打转，走进死胡同。在确定目的这种抽象概念时，最好尽量将其转换为看得见、摸得着的实际形态。

像下面这样不断自我提问，脑海中就会涌现出各种想法。

"巩固与现有客户的关系。"

"开发新客户。"

"提高销售业务效率。"

"提升销售人员的技能。"

"完善辅助销售的 IT 技术。"

每产生一个想法，都要逐一写下来，一遍遍地问自己："真的是为了这个吗？""没有其他要实现的目的了吗？"以这种方式反复自问，不断打磨目的。

那么，追问到什么程度才算确定了一个合理的目的呢？

在你笃定应该做这件事的瞬间，就代表你已经确定出合理的目的了。在反复推敲目的的过程中，你肯定会觉得不对劲，会有"这样做真的对吗？""还有更迫切实现的结果吗？"等疑问。你不断完善目的，逐渐消解这些疑虑，直到豁然开朗，此时的目的肯定就是最优解。

回到刚才的案例。在反复自问的过程中，你会找回最初的使命。销售团队目前满足于现状，每个人应该创造更高的价值。虽然今后很难扩大团队规模，但只要能提高每个人的附加价值，仅凭有限的员工数量也能创造出更丰硕的成果，提高营销生产力才是团队应该合力实现的目的。如此一来，你就可以确定团队的目的了。

步骤四：与上级领导一起推敲目的内容

当你确定目的之后，就到了收尾环节：听取上级领导的意见，敲定最终目的。**在着手具体工作之前，一定要先让上级领导核实一下你确定的目的是否有潜力。**

这么做有两个原因，一个是：目的潜在地决定了你未来可以创造的价值，绩效正是按照这项价值来评估的。如果你的目的出现偏误，无益于上层目的的实现，就算最后你完成了自己的目的，也无法获得认可（想必大家有过这种经历吧。完成工作后，得意扬扬地做汇报，上司的反馈却是"这不是我想要的结果"）。你的目的跟上层目的不一致，不纠正偏误就直接做，到头来只能是做无用功，我们一定要避免这种情况。

有必要与上级领导一起推敲目的内容的另一个原因是：**当上级领导审核你的目的内容时，你可以学习他们的判断力和感受力。**对于你费尽心思确定的目的，上级领导会从更高的视角给出意见，或指出你的盲区。这时，观察上级领导做判断的过程，就是培养目的确定的合理性的最佳机会。当然，你需要根据上级领导的意见对你的目的做出修正，但更重要的是学习提出这种意见的上级领导的思维方式。

当你将上级领导的判断力、感受力和思维方式融会贯通时，你就能确定更精准的目的。这样一来，也可以缩短与上级领导一起推敲完善目的的时间。总有一天，上级领导会直接对你说："你决定就行。"这句话就是你进步的证明，标志着你的职业生涯将迈入新阶段。

目的指明了工作应该到达的终点。如果一开始就出现了偏差，那么，哪怕投入再多的精力到工作当中，也不会取得任何成果。因此，从初始阶段就应该跟上级领导敲定目的的内容，不要在尚有分歧的情况下，就马马虎虎地开工。这是工作中的一项根本原则。

案例解答

让我们运用前面学到的知识来思考本章开头的案例吧。

为提高公司竞争力，开发新产品的目的。换个说法，能够得出一个问题：如何制定产品开发的战略？

在确定自己的目的之前，先核实上层目的及其背景。回想部长的指示，他是否说过有关背景和目的的话。

·背景：尽管我们公司一直以来利用自主研发技术，实现了稳步发展。但近几年，现有产品品类的发展趋于成熟，进入增长停滞阶段。

·目的：开发一款新产品，创造新的业绩增长点。

制定产品开发的战略要以上述背景和目的为导向。现在你带领着一个开发小组，可以自主决定发展方向，且上级领导给你的期限是一年。为了在这些条件中发掘战略意图，于是你问自己：

"我们开发新产品是为了什么？"

比较容易想到的答案是"扩充现有的产品线，挖掘老客户需求"。但这个目的其实是不对的。因为它与上层的目的及背景不一致。如果继续在现有产品领域争夺市场，那永远都无法走出产品成熟期的困境。

因此，你开始重新思考为了什么。这次你从完全相反的角度考虑，认为是"为新客户提供全新的产品，开拓新市场"。从涉足新领域的意义上来说，这么做的确具有创新性。然而，鉴于时限仅为一年，未免不太现实。

此时，对于为了什么，你仍未找到一个满意的答案。但回过头去看前面想到过的答案，你开始意识到，自己一直是从下面的两个角度来思考战略意图的。

·为了谁：老客户群？新客户群？

·开发什么：现有产品？新产品？

结合这两个方面，我们似乎就能全面把控战略意图的各种可能。我们可以将几种可能分成四个象限（如图 2-7），其中，第二象限和第四象限是你以前的想法。

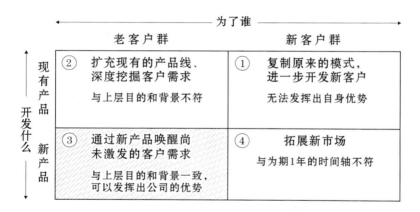

【图 2-7】如何定位新产品开发的战略意图

既然已经确定了思考的重点，接下来就是考虑余下的第一象限和第三象限。

第一象限是"现有产品覆盖新客户"。这是真正的目的吗？这个选项确实有一定的开创性，理论上又具有可行性。但是想想看，你有执行这个想法的意愿吗？好像并没有。你对老客户群体的情况理解得非常深刻，很想发挥这个优势。但是在第一象限，你发挥不了这一优势，所以这个答案还是没办法令你自己满意。

最后就剩下第三象限了，"为现有客户提供新产品，唤醒尚未激发的客户需求"。这与上层目的"现有产品已经趋于成熟，需要创造新的业绩增长点"一致，还能将"对老客户群体理解深刻"这个优势发挥出来。这与你的"意愿"和使命完全契合（如图2-8）。

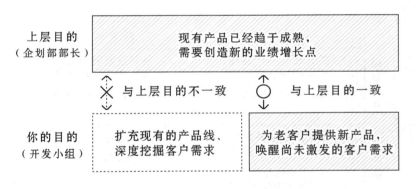

【图2-8】与上层目的保持一致，可以确保目的精准无误

那就将这个推论定为此次新产品开发的战略意图吧。

在你定好目的，决定实际执行之前，还应请上级领导核实这个目的是否妥当。在初始阶段就确保目的一致性，这一点很重要，以防接下来的工作白忙活一场。你去询问部长的意见，他说："你对我的意思理解得非常准确。达成这个目的之后，公司就有望实现新的增长。这下我可以放心地交给你了。一定要沿着这个方向执行下去啊。"

确定目的的关键是：不停地追问"为了什么"，反复验证"真的是这样吗"，直到得出一个令自己满意的答案。在反复自问的过程中，不断打磨我们的目的。反复打磨而成的目的，自己满意了，他人也能认同，就能够成为众人行动的标杆。如果连你自己都不满意，那更不可能让他人认同。因此，在得出完全满意的目的之前，你不能有丝毫让步，一定要不断打磨你的目的。

级联效应 [①]：目的改变会引起行动和成果发生连锁改变

前文我们谈论的都是如何确定目的。本节我们则谈谈确定目的的意义。让我们先以一句格言开始本节的内容吧。

"北京的蝴蝶扇动翅膀，会在纽约引发一场飓风。"

这句格言以比喻的手法道出了世界的性质：初始的微小变化能引发整个系统巨大的连锁反应。在研究复杂系统的混沌理论 [②] 领域，专家以蝴蝶为名，将此现象称为"蝴蝶效应"。在日本也有

---

① 级联效应：指一个动作影响系统而导致一系列意外事件发生。

② 混沌理论：由美国气象学家爱德华·诺顿·洛伦兹于 1963 年提出，用以探讨动态系统中无法用单一的数据关系，而必须用整体、连续的数据关系才能加以解释及预测的行为。它解释了决定系统可能产生随机结果。

一句类似的俗语——一刮风，卖木桶的店家就大赚了 [1]。

蝴蝶效应，即"初始设定条件对后来的结果会产生重大影响"，也适用于目的确定。当位于目的—目标—手段的三层金字塔结构顶端的目的发生变化时，下属层级的目的确定、实施以及由此产生的工作成果也将陷入剧烈的连锁反应。

比如，最近到处都在鼓吹数字化转型 [2] 的重要性。然而，数字化转型实施起来也是相当棘手的。因为数字化转型并不是目的，而是达成目的的手段。因此，不同的目的带来的数字化转型实施对策和工作成果是千差万别的。

假设在你的组织中有人提倡"推动数字化转型"。那这个数字化转型是为了什么而执行的呢？可以列出以下三种可能：

· 现有业务的商业模式变革；

· 提高生产作业的效率；

---

[1] 刮风导致患眼部疾病的人数增加，于是学习依赖声乐能力的三味线谋生的人数增加，制作三味线的动物皮毛需求增加，导致猫的数量减少了，老鼠的数量增加了，百姓家中的木桶就会被老鼠啃得更厉害，于是木桶的销量就更好了。这句俗语一般用来形容一个细微的因素可能会造成不可估量的巨大影响。

[2] 数字化转型：是建立在数字化转换、数字化升级基础上，进一步触及公司核心业务，以新建一种商业模式为目标的高层次转型。

· 优化客户接触点①。

虽然都属于数字化转型主题，但由于最初确定的目的不同，后续采取的行动和达成的工作成果会截然不同（如图 2-9 ）。**当我们把目的写下来后会发现，各个目的之间不过是十几个字的差异，却导致整个组织后续采取的行动天差地别。**这种现象与蝴蝶振翅引发飓风一模一样。

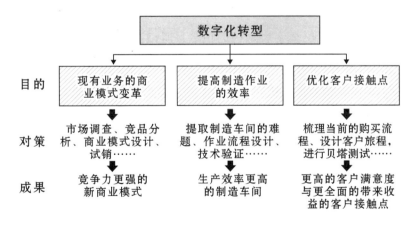

【图 2-9】目的改变带来后续所有步骤的连锁反应——级联效应

———————————————

① 客户接触点：公司与客户在客户旅程中的互动。它包括正在使用的设备、用于交换的渠道（发生互动的场所，如电子邮件、电话、社交媒体），以及请求或完成的特定任务。这些时刻在影响顾客对品牌的感受。通过研究和理解客户旅程中的所有互动，品牌可以找到改善客户体验和增加业务影响的机会。

类比级联效应，我们可以将"目的不同导致具体措施和工作成果截然不同"，象征性地称为"目的的级联效应"，英文为Cascade effect。在英语中，Cascade 的意思是连绵不断的多个小瀑布。目的作为层层相连的瀑布顶点，按照目的、目标、手段、成果的流动顺序，分层次地、联动地影响后续情况。改变目的将导致后续的目标和手段及成果都出现连锁反应。

而若是以积极的方式看待级联效应，便能得到另一个重要启示：目的是推动组织变革的决定性因素。由于目的位于目的—目标—手段的三层金字塔结构的顶端，所以目的能够对下层组织的目标和具体措施产生决定性影响。这可以为我们带来的启发就是，如果改变目的，组织也会为了达成目的而进行连锁变革。因此，**只有不断追问"目的是什么"的组织和团队，才会开辟出一条实质的变革之路。**

目的甚至会改变组织和团队的未来形态

目的会改变组织的形态，也可以说目的引领组织前进。这意味着，当你用自己的语言解释目的时，你的组织和团队会因配合执行而变得更加强大。**如果目的充满力量，那么组织和团队为了实现该目的，将会更积极地思考，付出更多的努力，在这个过程中不断增强实力。**

　　试想一下，跟团队说"搜集……市场的数据"和"我们准备推出一项新业务，将其培育为未来的核心业务，我们先来搜集这方面的线索"，在这两种不同的传达方式下，团队的行动会有什么不同？

　　只是设定收集市场数据这种小目的，能培养团队什么能力呢？不过是学会了高效的网络搜索和快速制作图表之类的技巧。

　　而接收到推出新业务，将其培育为核心业务这一宏大目的的团队，不会做完几张表格就匆匆结束工作。为了达成目的，他们会为新业务该抓住哪些市场机会、需要克服哪些威胁、如何差别化竞争等问题集思广益。在这个过程中，团队除了调查和分析的能力之外，还将获得业务规划等高阶能力。

　　从这个意义上来说，目的的确定并不仅仅意味着在未来实现什么价值，还决定了组织和团队未来的成长模式，以及在这个过程中塑造出怎样的能力。如果目的平庸无奇，那么组织在未来的进步空间就非常有限；如果换成一个既有挑战性，又有开创性的宏大目标，那么相应地，组织就可以实现惊人的蜕变。目的甚至会改变组织和团队的未来形态（如图 2-10）。

　　从这个意义上讲，我们必须把确定目的视为自己的生命线，绝不允许将确定目的的工作交由他人，让他人来决定自己、组织和团队的命运。自始至终一定要亲力亲为，大胆设想为了什么。这是引领组织、团队和自己一起前进的领导者的使命。

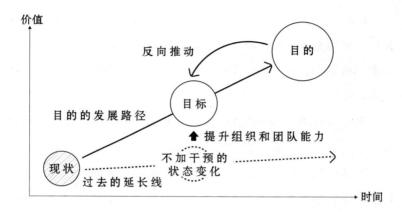

【图 2-10】目的提升组织和团队能力，从而改变未来形态

　　那么，以上内容讲述的就是如何确定目的。接下来让我们转向如何实现已经确定好的目的。

　　回顾目的—目标—手段的三层金字塔结构可以得知，目的的下一层是目标。我们将在下一章探讨如何制定目标，以及目标如何与目的保持一致。

第3章

将目的落实到目标，再到实践

即便确定了旅途终点，也并非纵身一跃便能抵达。早在公元前，开拓了宏伟版图的罗马帝国就每隔千步置一石碑（里程碑）以作标记。在通往外界广袤大地的沿途，设置一个个路标来记录行进的足迹，这是人类为了再现丰功伟业而迸发的智慧。

这种古老的智慧也可以灵活地运用到现代商业中。为了实现未来的远大目标，必须在途中各个阶段设置里程碑，脚踏实地地逐步向前推进。接下来，让我们学习将遥不可及的目的落实到能够在实际业务中处理的方法吧。

案例研究　为第一次负责开发新客户的下属制定销售目标

假设你是某 B2B 制造商的销售科科长，这次的任务是：作为团队领导重新制定第四季度的销售目标。

你回顾了前三季度的销售数据，发现老客户的订单成交量与往年基本持平，而新客户的订单量则毫无起色。于是整个销售部的销售方针就变成了"加速开发新客户，促进业绩增长"。同时，第四季度的大目标则变成了"每人至少开发 15 位新客户"。你需要帮助团队的销售员工完成该目标值。

你的团队中有一位刚进入公司两年的新人，名叫山田。之前他对接的都是一些老客户，并没有开发新客户的销售经验。考虑到山田是第一次负责新客户开发，你打算帮助他制定销售目标。如果要求资历尚浅的山田完成"在余下的 3 个月内至少开发 15 位新客户"这个大目标，就有些强人所难了。

为了激励第一次开发新客户的山田，你需要将大目标拆分成具体的小目标。那么，你会如何帮山田制定目标呢？

目标：将抽象目的具象化为实践对象

一切从目的出发——这已经成为我们的共识了。

但是，想获取工作成果，光有目的就够了吗？

目的确实描绘出了我们渴望实现的未来，这正是组织的驱动力所在。但在实际开展工作时，目的就显得过于抽象了。如果只是将目的定为"立志成为某行业第一名"，却根本不知道具体措施是什么，那么实际业务就无法开展。

因此，让我们再次回顾一下目的—目标—手段的三层金字塔结构吧。

确定金字塔顶端的目的之后，按照顺序，接下来就是制定为了达到该目的而必须实现的目标。"立志成为某行业第一名"这一目的过于抽象，如果将其拆分为"三年后成为行业内注册用户数第一名"的具体目标，我们就会明白该如何开展实际行动了。也就是说，目标是连接目的和手段的中转点。

目的与目标的区别

即便如此，人们还是经常将目的与目标混为一谈。用词的混淆可能会导致决策的混乱。因此，让我们重新确定二者的区别吧。

简单来说，**目的是终点，目标是中转点（里程碑）**。回想一下目的的含义：为实现全新价值而预设的未来终点。那么目标就相当于到达终点前必经的沿途标志。

举个例子，请看这句话："田中部长是我工作的目的。"

这句话有没有令你觉得哪里怪怪的？诚然，也许田中部长是一位令人敬佩的优秀领导者。但将"全心全意为田中部长效劳"作为工作目的，在谈及"自己工作是为了什么"时，回答"是为了田中部长"，这种情况在当今时代几乎已经绝迹了吧。

让我们换一种表述方式："田中部长是我工作的目标。"

这样一来，田中部长就变成了我们为实现"创造工作成果"这一目的而必须抵达的中转点。"像田中部长一样胜任工作"就变成了达成目的所需的条件之一。

可以说，**目标始终服务于目的**。反之，**缺乏目的的目标毫无意义**，只会沦为一场没有尽头的、只顾追求数字增长的疯狂竞争。这时我们会陷入迷茫，想不通自己是"为了什么做这些工作"。

虽然目的与目标极易混淆，但只要对比它们的含义，就会发现两者之间区别显著（如图 3-1）。尽管语感相近，可如果表达时混为一谈，领导者就无法制定准确的行动方针。最糟糕的情况可能是，团队成员们一心扑在目标上，将目的抛诸脑后，只顾埋头苦追目标规定的数值。到那时，每一位成员肯定都苦不堪言吧。

目 的		目 标
终点	⟷	中转点 （里程碑）
全体 （工作的意义）	⟷	部分 （达成目的的必要条件）
抽象 （看不见、摸不着）	⟷	具体 （看得见、摸得着）
长期的	⟷	中期的、短期的

【图 3-1】目的与目标看似相像，实则互为对照

唯有将目的与目标保持一致的领导，才能鼓舞团队的斗志。让我们在回顾目的—目标—手段的三层金字塔结构的同时，体会"目标始终服务于目的"的内涵吧。

目标的四大功效决定了团队能否创造工作成果

至此，我们已经掌握了目标的含义，以及目标与目的的区别。

那么，**为什么必须要制定目标呢？**

因为目标是影响组织和团队执行力与斗志的重要因素。具体而言，目标为组织和团队带来了四大功效（如图 3-2 ）。

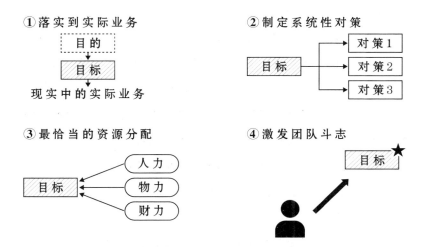

【图 3-2 】目标带来的四大功效

第一点，回想一下目的与目标的区别，这应该很容易理解。目的展现的是想要实现的未来愿景，表达的往往是一个遥不可及的抽象概念。即便确定了"实现经营精益化"的目的，但在实际业务中应该采取怎样的行动，即怎么做，目的是无法直接告诉我们答案的。

然而，若我们为目的配置一个具体目标，如"在三年内停产低收益产品"，目的就会与现实行动联系起来，落实到实际业务上。也就是说，**我们畅想出来的目的会通过目标落实到实际业务上**。

第二点，它体现了目标与实现该目标所需的对策之间的关系。有了目标，我们就能以此作为导向，系统性地梳理出各种对策。**不仅可以防止疏漏，还有利于排查出有效的对策。**如果没有目标，在采取对策时就容易东一榔头西一棒槌。这种做法可能会导致我们漏掉有效对策，甚至连对策本身是否有效都无法判定。

第三点，**目标是聚集组织资源，即人力、物力、财力的方向标**。比如，制定完"将欧洲的分销店铺数增加三倍"的目标后，紧接着，我们就可以做出"将销售人员集中调往欧洲打开销路"的判断。反之，如果没有确定的目标，就会失去配置资源的方向，甚至导致资源分配过度和无指向性问题。

第四点，**目标会激励团队的斗志，促进团队的成长**。通过设置目标这个中转点并实现该目标，团队可以切身体会到工作中的点滴成果与进步。如果领导只抛给团队一个以年度为单位的任务，那大家可能会不知从何下手，但若是逐步制定月度目标，那团队的工作状态肯定会是另一番景象。

要想在工作中取得成果，这四个要素缺一不可：动手实践、制定正确的对策、实行最佳资源分配、激发团队的斗志。能否满足这些条件，取决于是否制定了合适的目标。这恰恰体现了制定目标的必然性。

制定目标的两个基本切入点

至此，我们已经了解了制定目标的意义。

那么，我们应该怎样制定目标呢？

简单来说，目标就是将目的拆分为几个具体的部分。换言之，**制定目标就是分解目的**。该过程有以下两个基本切入点：

· 按构成要素分解；

· 按时间轴分解。

为了便于理解，举个大家熟悉的例子。

首先，按构成要素分解是什么意思呢？

比如，你确定了一个"为了能与外国客户进行商务洽谈而学习英语"的目的。此时，英语学习可以分解为以下几个构成要素：听力、会话、阅读、写作以及它们的基础——语法与词汇量。那么，目的就可以分解为以下几个目标：

- 听力：能听懂外国电视剧中的英文台词；
- 会话：能用英语解说本公司的业务重点；
- 阅读：能完全理解英文报纸和新闻报道的内容；
- 写作：能制作英文资料、写英文邮件；
- 语法与词汇量：背诵 300 篇含有商务用语和语法的例文。

前四个目标将达成目的必须具备的条件定性地分解了出来，而最后一个目标则设置了一个定量的标准数值。像这样，**将目的分解为定性的条件和定量的标准数值，就能得出便于执行的具体目标。**

制定目标的另一个角度是按时间轴进行分解，也就是为目标设置截止时间。比如，上述例子的每个目标都没有设置截止时间，试问：目标是十年后完成，还是半年内必须完成呢？期限不同，我们采取措施的紧迫程度也就截然不同。不仅如此，不为目标设置截止期限的话，抱着一种反正没规定什么时候完成，现在不马上做也无所谓的心态，我们就会在不知不觉中迷失自己的目标。

如前文所述，**规定何时达到什么样的状态或高度是制定目标的基本要求**。将看似遥不可及的目的分解成具体的目标，再将目标——通往终点的中转点划分为不同的阶段。这就是作为里程碑的目标所发挥的作用。这种分解方式让我们将看似遥不可及的目的变得让人触手可及，进而采取实质性措施。

困难分割法：将大目标分解成小目标，从而得以实现

我们之所以需要将目的分解成目标，其实还有一个原因。

正如 16 世纪法国哲学家勒内·笛卡尔留下的这句箴言："分割困难，逐一击破。"

我们要把大问题分割为多个小问题。单个的小问题总是会比原本错综复杂的大问题更容易解决。通过将拆分出来的小问题逐一击破，总有一天，原本的大问题会迎刃而解。这就是笛卡尔留给我们的启示。

这个原则也适用于目标的制定。将看似困难的目标分解为多个小目标，能够提高执行的可操作性和实现的可能性。当然，还能提高创造工作成果的概率，更快地达成目的。

让我们借助刚才学习英语的例子来理解这一点吧。我们先看"听力"这个目标：听懂外国电视剧里的英语台词。我们很清

楚，最大的困难在于关掉字幕。让我们试着将大目标分解成小目标，让实现目标的脉络展现出来（如图 3-3 ）。

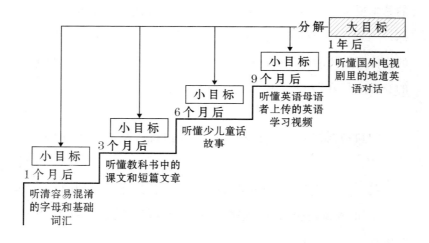

【图 3-3】将大目标分解成小目标，展现实现目标的脉络

这样一来，你是不是觉得"自己似乎可以做到了"呢？一上来就要看懂外国电视剧，确实门槛比较高，但让你听出"light（光）"和"right（正确）"的区别还是能挑战一下的吧。

将大目标分割成多个小部分，原本无从下手的目标就会变得更容易实现。**当你对一个庞大的目标束手无策时，不妨思考一下能否将它分割成小目标后再作处理。**这个原则能让我们敢于迎击任何难题。

将目的落实为目标的步骤

接下来，我们将梳理如何将目标制定的技巧应用到实践中。此处我们以第 2 章确定的提高销售生产力这一目的为例，学习如何将目的落实为目标。

步骤一：将目的分解为构成要素

制定目标的第一步是将目的分解成各个构成要素。通过分解目的这个大集合，我们可以切分出达成目的所需的更具体的必要条件，即目标。

团队的目的是：提高销售生产力。但只有目的的话，很难判断应该具体执行哪些行动。因此，**我们要围绕目的追问"怎样实现"，将其分解为更具体的构成要素**。

在开始行动之前，可以先对提高销售生产力 = 销售额 / 销售人员数量的公式做一个因式分解，得出提高销售额和削减销售人员数量这两个要素。但这样还是不够具体。所以，让我们试着运用困难分割法，将刚才得出的两个要素再做进一步分解吧。

首先是提高销售额，我们可以将它分解为提高客单价和增加客户总量。当然也可以将其分解成其他要素。只要分解时遵循

5W1H，即吉卜林法 [①] 的标准，就是有效的分解过程。刚才我们是以客户为基准进行分解的，也可以按照产品、销售区域和销售方式进行分解。

接下来让我们再作进一步细分。提高客单价可以进一步细分为提高产品平均单价和增加产品销量，而增加客户总量可以进一步细分为增加走访客户数量和提高销售转化率。分解到这一步，各位应该知道要如何开展具体行动了吧。

那么，从提高销售生产力中分解出来的削减销售人员数量，我们该如何向团队解释呢？直接传达的话，会让人收到消极的信号，大家可能会以为公司要裁员了，团队内部可能会因此产生无端猜疑，以至于人心惶惶。针对这种情况，我们可以换个表达方式，将其改为降低销售人员比例，这也是制定目标的一种有效方法。如此一来，大家可能就会将该目标解读为将当前销售人员重新分配至组织内部的其他岗位。

上述内容可以通过图表形式，即金字塔结构图进行总结，还能将目标以目的为基准分解为构成要素的过程展示出来（如图 3-4 ）。请注意，只有**自上而下地将目的分解为目标，目的与**

---

① 吉卜林法（音译）：源于英国作家、诗人鲁德亚德·吉卜林在故事《大象的孩子》中的一首诗的部分内容。他提出任何工作都可以从原因（Why）、对象（What）、地点（Where）、时间（When）、人员（Who）、方法（How）这 6 个方面提出问题进行思考。

目标才会始终保持连贯一致。正是因为有了这层接续关系，目标的达成才会促进目的的实现，产生一种上行作用。一旦两者之间出现断层，那么，即便好不容易达成了目标，对目的也不会有任何贡献。因此，能否充分践行这一点，决定了最终能否取得事半功倍的效果。

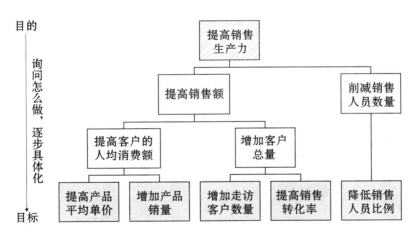

【图 3-4】通过分解目的的构成要素来提取目标

其实，这跟设计 KPI（关键绩效指标）的过程如出一辙。将目的分解为构成要素，跟分解 KGI（关键目标指标）并构建 KPI 结构（KPI 指标树状图）的程序完全一致。当别人要求你"描述一下你工作的 KPI"时，你可能不知道如何作答，其实只要你认真将目的进行分解，就能得出 KPI 的内容了。

步骤二：为构成要素设置目标水平与期限

将目的分解为构成要素以后，下一步是为这些要素设置期望达到的水平。按照以下两个维度进行设置即可。

· 目标的高度——要达到什么水平？
· 目标的期限——到什么时间截止？

这里我们继续沿用刚才的例子。对于平均销售单价这个目标，可以将当前价格提高10%，将期限设置为一年。那么，对于提高销售生产力这一目的，我们就可以制定出"在一年内将平均单价提升10%"的目标了。当然，还可以将一年期限进一步细分为更小的目标。

不过，我在这里只是简单地设置了10%、一年这样的数字目标。大家在实际工作中制定目标的时候，务必深思熟虑。我们应该怎样设置出合适的目标呢？

必须遵循的基本原则是：**将团队成员想要实现某事的意愿和领导者希望下属做到某事的期许结合在一起**。仅靠领导者单方面布置目标，团队成员会产生逆反心理，觉得领导在逼自己做与意愿相悖的事。可如果反过来，将目标制定全权交由团队，那成员们可能会喜欢轻松简单的工作。要想制定出能真正激发团队全员活力的目标，关键在于协调领导者和团队成员的期望值，使二者达成共识。

因此，合格的一线领导者必须拥有敏锐的洞察力，分析出自己制定的目标水平对于团队成员来说有多大的难度。要想判断制定的目标难度是否合理，可以参考以下三个维度：

·舒适区：以团队目前的表现可以顺利达到的水平；

·成长区：需要团队不断进步并掌握新的能力才能达到的水平，但并非绝对达不到的水平；

·恐慌区：可能会导致团队陷入混乱的水平。

一般来说，适度拔高目标水平有利于促进团队成长。这也就意味着，成长区才是目标设置的基准水平。但是，在经济环境发生变化，劳务形态改革持续推进的大背景下，也可以选择将目标水平设置在舒适区。只要目标确定，降低目标水平也未尝不可（如图3-5）。

一旦目标水平的设置出现重大偏误，那就说明到恐慌区的水平了。过高的目标水平不仅会导致团队表现的整体下滑，成员还会因为超负荷工作累垮身体，对工作缺乏认同感，以至于纷纷离职，最终瓦解整个团队。制定目标之后，领导者一定要密切关注成员们的工作状态，避免此类现象的发生。

目标设置的任何一个数值都会对团队的业绩、斗志、健康状

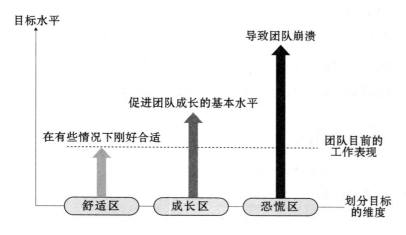

【图 3-5】将目标水平定位在哪个区间

况产生重大影响。成员们为了实现团队共同的目标而努力奋斗，身为领导者的我们更应该深刻理解目标对团队产生的重大影响，制定目标时一定要谨慎再谨慎。

步骤三：根据 SMART 原则检验目标

目标一旦公布，团队就会围绕该目标开展行动。若目标与我们想获取的成果不符，那到头来我们只会白忙一场。因此，必须事先核实目标是否妥当，这一步绝对不是在浪费时间。我们可以从以下五个角度来逐一检验目标（如图 3-6 ）。

Specific	是否足够具体
Measurable	是否可测量
Achievable	能否实现
Relevant	是否与目的一致
Time-bound	期限是否确定

【图 3-6】通过 SMART 原则视角来检验目标是否妥当

提取上述五大视角的首字母，就构成了制定目标时应当遵循的 SMART 原则。让我们逐个展开说明吧。

是否足够具体。目的往往是高度抽象的，而目标将抽象的目的具象化为能着手处理的实际业务。目标如果不够具体的话，那就失去了本身存在的意义。因此，目标必须是指导实际行动的具象化内容。

是否可测量。它是指能否以数值等标准测算目标的完成度。如果可以，那么我们就能确定工作进展，比如进度如何、推进是否顺利、还有多久能完成等。这样一来，执行层随着目标的推进就会愈发斗志昂扬，而管理层也可以朝着目标的方向进行一些必要的修正。

至于一个目标是否可测量，可以通过以下两个问题进行检验。

· 定量的标准值——目标数值要达到什么程度？
· 定性的条件——完成到哪一步才算是实现目标？

难以量化目标时，也可以通过设置定性的条件来度量目标。比如，对于"提升制作资料的能力"这一目标，只要设置"是否可以自行制定报告大纲""上级对你制作的资料是否提出意见或进行修正"等条件，即便是难以量化的目标，也可以进行度量。

能否实现。这一点该如何理解呢？当然，目标应该能够促进执行人员能力的提升。但如果目标的完成大大超出了成员们现有的能力（如总作业时间、资金、时间等）或能力可以承受的范围，那他们就会觉得不可能完成，并因此丧失斗志。如果制定的目标没有合理依据，而且根本不可能达成，最后只会造成经营资源的浪费。

是否与目的一致。这一点我们已经反复强调过了，在此不再赘述。如果目标与目的互不相关，那目标就毫无意义。明明目的是"在海里自由地游泳"，你却要求自己"在3个月内记住2000个英文单词"，这种努力是无效的。

期限是否确定。换言之，目标的完成期限不允许含糊不清。执行一个没有截止日期的目标，大家只会拖拖拉拉，目标也会在不知不觉间不了了之。为了避免这种情况，我们必须确定完成目标的期限，合理进行资源分配，分清团队各项工作的轻重缓急。

设定一个满足上述五项验证条件的目标绝非易事。然而，身为负责制定目标并统筹一线工作的领导者，我们必须时刻保持这种视角，并利用这种敏锐的视角制定出让自己和团队双赢的最佳目标。

案例解答

让我们将前文讲解的制定目标的方法应用到本章开篇的案例中吧。

如何制定目标才能帮助山田在 3 个月内提升新客户的数量呢？

首先，大目标是"3 个月内至少开发 15 位新客户"。由于这是山田第一次承担开发新客户的任务，所以我们要进一步思考怎么做，将大目标分解成更小的目标的构成要素。

分解增加新客户数量的构成要素时，可以有很多切入点，按地域、按商品、按行业等。这次我们就用业界普遍使用的"销售漏斗法"来分解吧。销售漏斗法指的是根据各销售阶段（销售流程）分阶段筛选客户，逐步推进下单进度，直至最终交易成功。本案例的销售漏斗可以简单地分为以下三个阶段：

· 潜在客户阶段：找到跟客户的共识，试探对方的洽谈意向；

086

· 洽谈阶段：和客户深入洽谈，并向对方提出方案；

· 交易阶段：签署合同，确定下单。

　　确定销售漏斗的各阶段任务之后，接下来就可以分解增加新客户数量的构成要素了（如图3-7）。要想增加新客户数量，只要提高潜在客户数量、洽谈率和成交率即可。然后再为这三个要素设置具体的目标值。

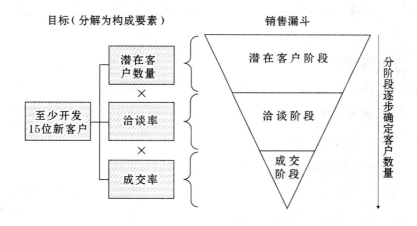

【图3-7】与销售漏斗各阶段对应，分解销售目标的构成要素

　　让我们进入制定目标的下一阶段。将目标分解为多个构成要素之后，接下来是规定各构成要素具体的目标水平和截止日期。比如，若是设置在3个月内达到潜在客户数量200名、洽谈率

50% 和成交率 15% 的目标值，就可以满足至少开发 15 位新客户这个大目标的要求了。

但这是山田第一次对接新客户，我们不能在一开始就抛给他一个任务艰巨的大目标，给他造成沉重的负担。因此，我们需要制定小目标，分阶段地细化目标的期限和水平。

此时，我们最好对划分的各个阶段做出详细计划。比如，将三个月的时间以一个月为单位进行划分，每个月按照下述方式制订详细计划的话，山田就能做好充分的心理准备了。

> ·第一个月：启动期。为开发新客户做好必要的准备，进入状态；
> ·第二个月：改善期。回顾第一个月的销售情况，改善销售行为；
> ·第三个月：稳定期。实施改善对策，掌握新客户开发的能力。

像这样细分期限和阶段，后续只需设置具体的目标值就可以了（如图 3-8）。一般情况下，我们把潜在客户的数量设为定值，分阶段逐步提高洽谈率和成交率。但在实际工作中，数值的设置应当结合领导者的决策与团队成员的意愿进行调整。

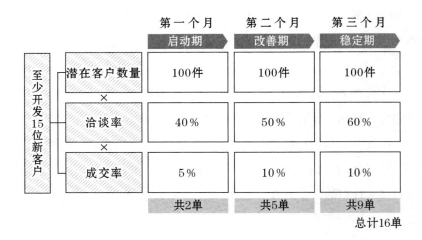

【图3-8】为分解的目标制订详细计划，激发下属的动力

制定目标的最后一步是将设定好的目标与 SMART 原则逐一比对，验证其是否妥当。如果能符合所有的原则标准，那就是一个合格的目标。

· Specific（是否足够具体）：设置潜在客户数量、洽谈率和成交率这些具体的条件；

· Measurable（是否可测量）：根据不同数值设定相应的小目标；

· Achievable（能否实现）：与山田讨论过后，双方都认同可以实现的数值；

· Relevant：（是否与目的一致）：符合开发新客户，促进业务发展的目的；

· Time-bound（期限是否确定）：制定月度目标。

按上述步骤制定完清晰的目标之后，就能以此为导向，集中精力思考"如何完成"的对策了。比如，对于增加潜在客户数量这一目标，我们可以想到以下几种措施：通过在线研讨会获取待开发客户群体、与公司的销售助理合作、参加商展吸引客户等。只要目标确定，我们就不会无的放矢，也就是说，采取的行动可以直接促进成果产出。

因此，曾经的全美销售天王、如今的国际顶级励志演说家金克拉这样说过："好的目标是成功的一半。"

可见目标的制定对创造成果的影响之大。

进一步细分目标，形成手段后投入实践

将目的落实为目标的技巧就讲解到这里。我们再次回顾一下本书开篇介绍的三层金字塔结构吧。我们现在正处于其中哪一层呢？

我们从金字塔顶端的目的出发，现在下行到了第二层的目标。我们在向下一个层级行进时，需要不断追问如何做。从目的

降到下一层的目标，原本抽象的目的与实际业务联系了起来。在金字塔结构中自上而下的迁移过程，就是将工作内容不断具象化的过程。

那么，如果对当前所处的目标层级进一步追问这样会怎样呢？那就该下行至实施达成目标所必需的手段层级了。

怎么做才能实现目标？需要谁的协助？应该做好哪些准备？这些更具实践意义的内容有助于采取与目标相对应的手段。下行至金字塔的第三层时，停留在计划阶段的目的与目标也会落实到实际行动的践行阶段。

然而，在实现目标的过程中，我们肯定会碰到无数阻碍我们行动的问题。我们要从中发掘出真正亟待解决的问题，使用相应的解决手段，并付诸实践。这个过程绝非易事，每位在商界一线奋斗的人士应该都深有体会。我们必须具备能分析出做什么、怎么做的能力，以应对每天在工作中都会遇到的各种复杂情况。

因此，为了采取合适的手段，我们还需要再掌握一些进阶的技巧。关于这个话题，我们留到下一章再作介绍。

第4章

创造成果的手段与所有工作通用的五个基本动作

确定目的并为实现该目的而确立的目标，就是工作计划的核心。

然而，计划必然伴随着执行，计划只有实际执行之后才会产生工作成果。计划和执行是驱动工作前进的两股动力，作为动力之一的执行怎样才能落地呢？这就需要运用有助于达成目的和目标的手段。

至于实现战略所描绘的理想，其关键就在于为达成目的和目标服务的手段。本章的内容即手段的实施方式。

案例研究　作为老主顾的你，想办法帮经营惨淡的饭店摆脱困境

你经常光顾你家附近的一家饭店，可是那家店最近生意有点惨淡。你是这家店多年的老主顾，跟老板也是老朋友，很想为老板做点什么。当你问老板时，他这样描述道：

"这家店都开 24 年了，最近没什么客人上门，连常客都不怎么来了。我也考虑过干脆关门算了。可现在还有老主顾来帮衬生意，如果关门的话，我觉得实在对不起这些一直支持这家店的人们，所以我不忍心关店，想再努力一把。但是，现在生意这么差，怎样才能扭亏为盈呢……"

有确定的目的和目标，却没有具体的手段来实现它们，也不会取得成果。

针对老板忧心的"如何扭亏为盈"这个问题，希望你给出具体该怎么做的建议，也就是采取何种手段。你会给出什么建议呢？

手段弥补目的与现状之间的差距

至此，我们已经探讨了目的、目标的意义与确定技巧。接下来，我们将进入三层金字塔的最后一个层级，也就是达成目的和目标的手段。

那么，最后一个层级的手段是什么呢？

为了掌握它的核心要义，让我们回顾一下逆推思维吧。

逆推思维要求我们先设定期望到达的未来终点，即目的，接着找到目的与现状之间的某种差距，然后反向推导，拟订一个可以弥补差距的方案。这就意味着，达成目的就相当于"弥补目的与现状之间的差距"。因此，**弥补目的与现状之间的差距，助力实现理想状态的媒介，唯有手段**（如图 4-1），这里的目的也可以代入为目标。关键在于划定希望实现的状态与现状之间的差距。

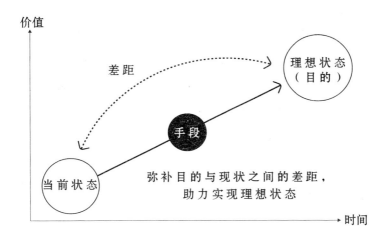

【图 4-1】手段弥补目的与现状之间的差距

从这个角度出发，有助于我们思考要采取什么手段。

如果说手段是弥补差距的方法，那么，首先要掌握目的和现状之间存在何种差距。也就是说，规划手段的第一步是：发掘阻碍目的达成的问题。

当然，仅仅找到问题所在，还不算是手段。只有确定解决问题的执行方案，手段才算是成形了。接下来要清楚地知道如何将执行方案推行下去，即落实到行动的每一个步骤当中，这样才能称之为手段。

也就是说，发掘问题，决定执行方案，落实到实际行动，就是规划完整步骤。整合各种手段，构思达成目的和目标的脉络，这个过程就形成了战略（达成目的和目标的路径）。

因此，我们接下来思考手段的时候，其实就是在构思战略。手段的优劣，直接决定了我们能否完成目标、最终能否达成目的。无论是多么高瞻远瞩的目的，无论制定了与目的多么契合的目标，如果没有相应的手段，就不会取得真正的成果。这就是为什么手段处于支撑整座金字塔结构的基底位置。

产出工作成果需要五个基本动作

那么，怎样才能设置出这样的手段呢？

对此有一个基础技巧，无论你身处哪个时代、哪个国度，从事哪种工作，都万变不离其宗。那就是预测、认知、判断、行动、学习这五个基本动作（如图 4-2）。

什么是五个基本动作呢？让我们以驾驶汽车为例，进行直观的理解吧。

假设你正开车行驶在一个居民区内，看到一辆车停在车道上。这时，你会设想可能出现的危险："那辆车后面如果有个小孩儿冲出来……"预先推测未来的潜在问题，这便是**预测**。

根据五个基本动作推导出手段……　　　目标→目的的实现

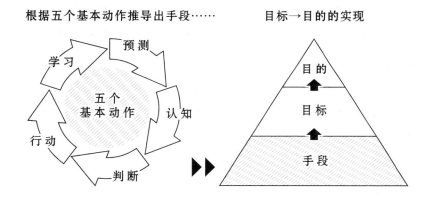

【图4-2】五个基本动作推导出为达成目的和目标服务的手段

接着往前开，你发现真的有一个小孩儿从那辆车后面跑出来，你意识到事态危急。判定某种情况下必须应对的问题是什么，这便是**认知**。

面对这种危急情况，你可以选择按喇叭、猛打方向盘或急刹车之类的行动。思考对策，制订实施方案，这便是**判断**。经过判断，最后你选择了紧急刹车，这就是**行动**。

通过上述一连串的经历，你明白了"车道上遇到车挡路的情况有潜在的危险"。下次再遇到类似情况时，你就会改进自己的应对方式：提前减速，确认路况。利用过去学到的经验，更好地解决未来可能会遇到的问题，这便是**学习**。

以驾驶汽车为例的这些动作步骤，也适用于商业活动。

　　五个基本动作本身就是一个划定当前问题与理想状态之间的差距，制订解决方案并付诸行动的完整过程。从推导出需要解决的问题、实现理想状态的策略这一层意义而言，五个基本动作就是推导出目的—目标—手段的三层金字塔结构中的手段的技巧。通过采取手段来达成目标，而目标的达成又将助力目的的实现，那么，推动这一上行运动的五个基本动作，就是决定能否创造成果的关键。

五个基本动作的根基：认知、判断、行动

　　接下来，我们来深入探究"创造成果的关键"的含义吧（如图4-3）。

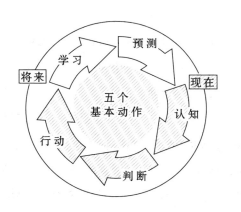

认知
为了达成目标，确定应当解决的问题

判断
规划解决方案，决定应该优先采取的实施方案

行动
将实施方案整理成行动计划，向团队传达，落实到具体行动中

【图4-3】认知、判断、行动是五个基本动作的根基

　　从现在和未来两个角度，可以将五个基本动作分为两类：一类是应对当前问题的认知、判断、行动；另一类是应对将来问题的预测、学习。

　　基本动作中的认知、判断、行动处理的是实际上已经发生的问题，这属于一系列动作的基础阶段。就算预测到小孩儿会从车后冲出来，如果不能在小孩儿冲出来的瞬间踩下刹车，那也毫无意义。因此，在学习掌握五个基本动作时，首先要从认知、判断、行动开始。

　　那么，认知、判断、行动具体要做什么呢？

　　首先，**认知指的是为了达成目标，确定应当解决的问题**。也就是说，在对比目标与现状时，要确定哪里存在差距、存在哪些差距，以及哪些差距需要优先处理。我们可以称之为甄别议题。如果搞错了问题，那么，针对目的和目标采取的对策就会错位，到头来做的都是无用功，完全无益于产出成果。因此，识别出为创造成果服务的对的问题至关重要。

　　其次，**判断指的是为了解决问题，决定实施什么方案**。如果将解决问题的过程简化为一个问与答模型，判断就是针对在认知阶段确定的问题制定出答案，即实施方案。具体来说，针对该问题，先假设多个解决方案，再设定一个判断标准作为决策的依据，最后决定最优方案（要做的）和次优方案（不做的）的思考过程。这样就为消除理想状态与当前状态之间的差距而应采取什么手段指明了方向。

　　最后，**行动指的是将实施方案整理成更具体的行动计划，向团**

队传达下去，并落实到具体行动中。不论将问题的解决方案描述得多么天花乱坠，如果没有以适当的方式向团队传达下去，落实到实际行动中，现状就不会发生丝毫改变，也不会产生任何工作成果。这就是为什么优秀的领导者在行动阶段都非常谨慎，丝毫不敢掉以轻心。

有了上述认知、判断、行动的过程，我们就能够以达成目的和目标为方向，确定亟待解决的问题，判明实施方案，落实到实际行动中。这一连串的动作可以帮助我们弥补现状与目标之间的差距，采取能够达成目的的手段。

高效工作需要预测和学习

接着，我们来看五个基本动作中的另外两个：解决未来问题的预测和学习。

它们处理的是当下尚未显现的未来的问题，所以需要进行复杂的脑力活动，但与此同时，预测和学习也可以起到事半功倍的效果。

首先，**预测指的是预先推测未来可能发生的潜在问题，以便先发制人**。

解决问题最有效的方法就是防患于未然。如果真的撞上了从车后冲出来的小孩儿，就会带来接受警方调查、支付巨额赔偿金、受伤的小孩儿可能留下后遗症之类的悲惨后果。然而，一个微不足道的举动就可以避免上述严重后果，那就是减速。一个简单的举动就可以解决潜在的大问题，这便是预测的惊人效果。

其次，**学习指的是将学到的经验运用到未来解决问题的过程中**。如果说解决问题是通过预测、认知、判断、行动来完成的话，那么学习就是发挥过往经验的杠杆作用，改善五个基本动作的表现。组织中经常提到的改进、反馈和知识迁移之类的词汇，都跟学习有关。学习可以帮助团队不断提升能力，成长为更强大的组织。随着团队不断地解决问题，团队将有希望创造出更多的成果。

以认知、判断、行动为根基，加上着眼于未来的预测，我们就能从当下和未来两个角度来攻克难题，最后加上学习，那就会形成一个螺旋式上升的良性循环，今后也将一直延续下去。如果这五个基本动作可以形成一个循环，那么创造预期成果的能力也会得到显著提升（如图4-4）。

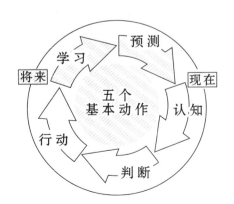

预测
预先推测未来可能发生的潜在问题，先发制人

学习
将学到的经验运用到未来解决问题的过程中

【图4-4】利用预测、学习更高效地解决未来的问题

五个基本动作适用于一切工作

无论你想执行五个基本动作中的哪一个，都不要求你具备任何突出的才能。因为这五个基本动作是适用于任何工作的基础行为。正因如此，磨炼自己使用五个基本动作的能力有助于提高工作能力。不同于迅速过时的一次性信息或投机取巧的办法，这是创造成果的根本实力。

此处我们以企划、制造、销售这三个职能（筹、产、销）为例（如图4-5）。

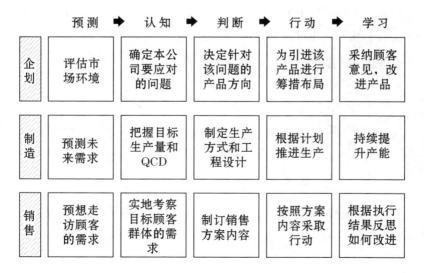

【图4-5】五个基本动作适用于一切工作

　　五个基本动作在企划、制造和销售中的每一个职能部门都发挥着作用。更进一步而言，这五个基本动作并不仅仅局限于企划、制造这样的职能层面。哪怕到了农业、医疗、教育这种行业层面，这套基本动作也同样适用。你也可以试着将这五个基本动作代入你所在的行业。

　　这五个基本动作不受时空限制，应用到任何工作类型中都是促进成果创造的基础。为什么这么说呢？这是因为，我们人类早就形成了一种感知事物、思考、采取行动的反应机制。因此，如果我们不断完善、改进这套基本动作，一定能从容应对任何工作，并显著提升成效。

工作进展不顺是因为基本动作的某个环节出错了

　　如果工作成效没有提升，那就是基本动作的某个环节没做好。这时，我们可以对这五个基本动作进行逐一排查，发现自己在工作方面的瓶颈，找到需要改进的地方。

　　假设现在面临销售业绩持续低迷的情况。那我们从五个基本动作入手，按照以下方式进行排查。

　　·预测：有没有事先预判顾客的需求和性格？有没有严重偏离预判？

·认知：有没有在商务洽谈中真正挖掘顾客需求？有没有精选出关键需求？

·判断：有没有符合顾客需求的销售方案？能否提供多种备选方案？

·行动：有没有向顾客演示销售方案的亮点？提出方案后有没有及时地跟进？

·学习：有没有总结成功和失败案例的决定因素，为今后的工作提供参考？

经过上述排查，你发现在认知阶段出现了偏差。比如意识到了在以产品为导向的销售过程中，没有深入挖掘顾客需求。那么，你可以采取一些改进措施，比如：预先准备好问题，从而精准定位顾客需求。而这项措施将改变后续的判断和行动，最终交付的工作成果也将截然不同。

综上所述，如果五个基本动作中的任何一个出了差错，都会成为限制整体工作成效的瓶颈。因此，我们不能草率地应付任何一个基本动作。

目的是优化基本动作的关键

那么，如何才能提升这些基本动作的成效呢？

在这个过程中，目的是最重要的支点。

假设五个基本动作偏离了最初的目的，那就无法正确地衡量偏误的目的与现状之间的差距，无法对问题产生合理的认知。在漫无目的的情况下，一旦问题设置错误，那么相应的解决方案也无法帮助你创造出真正想要的成果，更无从判断是否正确。这种判断会导致我们采取无效行动，此前的努力就白费了。

预测和学习同样如此。如果预设的未来终点不确定，就没办法预测途中可能出现的潜在问题。而且，如果不理解某项工作的作用，就无法将此前在工作中获得的经验应用到新工作中。

仅仅是因为偏离了目的，基本动作就完全丧失了作用。反之，只要紧紧抓住目的这一关键因素，我们的工作成效就会得到提升。

如果我们可以正确把握目的，就能以此为基准，正确认知目的与现状之间的差距，放下无关紧要的问题，集中精力应对必须解决的问题。此外，如果希望达到的目的足够确定，我们就能迅速判断应该采取何种措施。有了正确的认知和判断作为前提，我们就能马上行动起来，着手创造成果。

如果希望达成且贯彻到底的目的十分确定，我们就能预测到阻碍目的实现的风险因素。至于学习，如果我们真正理解目的，就可以将从之前的经验中收获的学习心得应用到其他工作上（如图 4-6）。

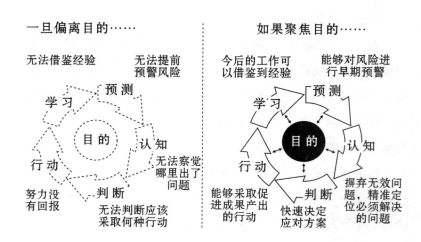

【图 4-6】目的是优化五个基本动作的关键

我们可以从目的出发，改善工作的成效。因为工作就是"以目的为前提"的。如果目的不确定，我们没办法全身心地投入到工作中，再怎么努力也不会创造成果，只会白白浪费时间和精力。因此，别忘了时常让思考回归到目的本身。

五个基本动作不是框架，而是通过实践习得的模式

这里我想强调一点，五个基本动作并不是咨询顾问经常搭建的那种框架。这不是光靠脑力理解就能得出的结果，而是要在实际工作中反复打磨，逐渐习得的一项技能。因此，我想将这套基

本动作称为**思维和行动的模式**。接下来让我们深入探讨这背后的含义吧。

模式究竟是什么呢？大家普遍会认为模式意味着僵化和束缚。日语有句俗语形容模式，即"装在套子里的人"（指一个人遇事死板，不知变通）。事实上，模式对于提升个人能力的作用不可限量。

在此，让我们借鉴斋藤孝[①]老师在著作《找回身体的感觉》中的观点来理解这一部分内容吧。斋藤老师对模式的定义如下：

"模式指的是能力出众的人才对宝贵经验的高度提炼。有些基于现实的模式可以直接应用于实践，而有些模式作为一种训练方法，可以帮助我们优化实践应用的过程。模式是对重要的基本要素的提炼，只有经过反复练习，我们才会习得。"

模式是专家提炼出的动作步骤，继而总结成一种范式。换言之，模式就是将专家独一无二的卓越表现向普罗大众推广的模板。因此，借鉴模式进行反复训练，我们就能学会模式背后隐含的专家智慧，锻炼自己的动手能力。

在将经验教训提炼为模式的过程中，如何进行大量的取舍至关重要。将某个动作纳入模式之中，也就意味着舍弃了其他成百上千种可能性。通过大量的试错和钻研，取其精华，去其糟粕，

[①] 斋藤孝：1960 年出生于日本静冈县，东京大学教育学研究科博士。主要著作有《读书的力量》《提问力》《规划力》等。

才会提炼出具有普适性的模式。正因如此，学习模式的人不必浪费时间和精力，从一开始就可以集中精力专注提升某一方面的能力。

因此，模式意味着"取舍与专注"。模式对我们的启发就是，应该将精力集中在一处，而不是四处分散精力。只有知道往哪里集中精力，使用模式的人才能尽快进入状态，提升工作成效。这也是我将五个基本动作定义为模式的原因。

习得模式并化为己用的五个阶段

那么，我们如何才能掌握这种模式呢？

为了理解这一点，我们先来浏览一下掌握某种技能必经的过程。众所周知，在学习新知识或技能时，分为以下五个阶段：

- 第一阶段：一无所知；
- 第二阶段：知道，但是做不到；
- 第三阶段：有意识状态下可以做到；
- 第四阶段：无意识状态下就能做到；
- 第五阶段：教别人怎么做。

我们通过"骑自行车"这个简单的例子来理解吧（如图4-7）。

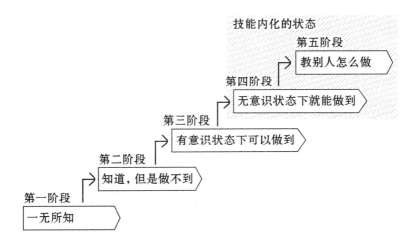

技能内化的状态

第五阶段
教别人怎么做

第四阶段
无意识状态下就能做到

第三阶段
有意识状态下可以做到

第二阶段
知道，但是做不到

第一阶段
一无所知

【图 4-7】将模式内化的五大阶段

在第一阶段，你根本不知道自行车这个交通工具。当然，对于从未了解过的事物，我们根本无从下手。无论你想学什么，第一步是了解你想学习的对象。

第二阶段，此时你知道：自行车是一种骑上去后，脚踩踏板就会前进的交通工具。然而，你对它的了解还停留在想象阶段，如果你真的上去骑一下，会发现手脚根本反应不过来，可能晃悠几下就摔下来了。接下来，你再骑上去试试，蹬两下摔一跤，摔倒了再爬起来，如此反复练习。

第三阶段，你开始处于有意识状态下可以做到的状态。此时的你虽然骑得不稳，身体也绷得紧紧的，但只要专注于保持自行车的平衡，握好车把，你能勉强骑车前进了。

到了第三阶段，可以说我们已经会骑自行车了吗？当然，看起来是掌握了，但如果我们始终很紧张，姿势很僵硬的话，是没办法放心地在马路上骑车的，也没有心思享受骑行的乐趣。所以，现阶段还不能算是学会骑自行车。

在这种状态下，连续几天或几周不断练习骑自行车，直到有一天，我们可以放松身体，随时转动车把，变换速度，随心所欲地骑车。此时，我们进入了第四阶段，无意识状态下就能做到。在这一阶段，可以说我们已经学会骑自行车了。接下来，通过不断精进，总有一天我们可以达到第五阶段，教别人骑自行车。

掌握五个基本动作的模式，需要经历不断晋级的过程，仅仅在脑海里知道是远远不够的。哪怕达到"有意识状态下可以做到"，也还是不够。

我们希望达到的理想状态是：在日常工作中无须保持高度紧张的意识，就能将五个基本动作内化于心，运用自如，就像随心所欲地骑自行车一样。斋藤老师提出的核心理念，也就是技能内化状态，是我们应当努力实现的理想状态。

即便刚开始磕磕绊绊，我们也要在实践中反复练习，从而将模式内化于心。

深入模式，进入守破离①的境界

要想达到技能内化的状态，第一步是遵守模式规定的各个动作。以学习投篮为例，刚开始时我们必须学习每个动作，如手持球的方式、肘部的角度、膝盖的转向、迈步的方式等。经过大量重复训练、纠正这些基础动作，最终达到不用刻意去想动作，自然而然就能投篮的程度。

本书详细介绍了在"思维与行动"模式中蕴含的种种思考方法和行动步骤。在你未能自如地应用它们的时候，可能会觉得我的解释太过冗长。我之所以细致地讲解模式的原理，是为了让大家有方法去做自己想做的事情。如果一开始就偏离了模式，就会浪费精力去思考不相关的事情，反而容易走弯路。

按照模式反复练习，融会贯通，内化为自己的技能。总有一天，你不必刻意去思考怎么做就能无意识地发挥这种技能，甚至当你不再满足于停留在修炼技能的阶段时，你将会打破模式，开辟出一条独具个人风格的道路。因此，当我们深入模式时，还会进入守破离的境界阶段。

---

① 守破离：源自日本剑道学习方法，后发展到其他武术与行业中。守：最初阶段须遵从老师教诲达到熟练的境界；破：试着突破原有规范；离：自创新招数另辟新境界。

案例解答

手段对于目的和目标究竟意味着什么呢？让我们通过具体案例来仔细领会吧。

还记得本章案例的目的吗？重振经营惨淡的饭店，回馈一直关照该店的老主顾们，所以目标是：扭亏为盈。老板一筹莫展的原因在于，即使目的和目标确定，但缺乏可以付诸实践的手段，所以无法改变眼前的现实。

那么，我们来探讨达成目的和目标的手段吧。关于如何运用五个基本动作进行更加系统性的思考，我们留到下一章再作讲解，本章讨论的是：通过追问如何做来达成目的和目标，逐步确定具体的手段。

面对扭亏为盈这一目标，我们追问如何做，就是在追问采取什么手段。这时，可以从店内和店外两大角度来划分营业收入来源：

· 提升店内营业额；
· 提升店外营业额。

不过，到这一步还是不知道具体该做什么。我们需要再次追问如何做，助推手段才会更清晰地显现出来：

·提升店内营业额：增加顾客数量；提高人均消
费额。

·提升店外营业额：增加线下顾客数量；增加线上
顾客数量。

这样确实更具体了，但老板也许还会继续问：那更具体的呢?
因此，我们需要再次追问如何做，拿出进一步细化的手段。这样
一来，我们可以得出目的—目标—手段的树状图（如图 4-8 ）。

在这张图表的基础上，你向老板提出建议："增加店内桌椅怎
么样？""让顾客多点单吧！""难道不应该提高菜品单价吗?"

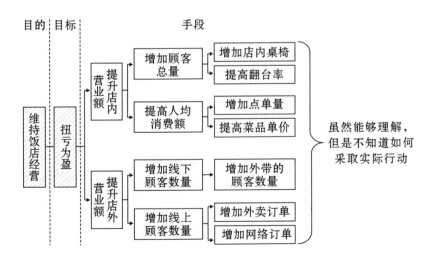

【图 4-8】不深挖手段，就无法产生具体行动

为了帮助店铺扭亏为盈，你向老板提出了上述建议。但老板脸上毫无欣喜之色，始终沉默着。

为什么会这样呢？因为这些手段还是不够具体，老板还是不清楚应该采取什么样的实际行动。这样的话，将当前状态改造为理想状态的战略，不会发挥任何作用。

我们此前提出的手段，基本上构思的都是大致方向。为了将这些手段付诸现实，我们必须细化到能够行动的具体措施。否则，饭店老板无法采取任何行动，你提了建议就跟没提一样。

因此，我们必须深入思考，再次追问如何做。这样一来，手段就会以更具体的措施的形式显现出来（如图4-9）。目的—目标—手段的三层金字塔结构也会因此更加稳固。

而实际要采取这些措施中的哪一项，则取决于这家饭店存在的根本问题是什么，以及如何评定这些措施的优先顺序。这里涉及的认知、判断相关的知识留到后面再作讨论。此处我想强调的是，**确保目的和目标达成的手段是不可或缺的**。

反之，如果欠缺现实性的手段，不论确定了多么精准的目的和目标，都不过是纸上谈兵。如果不将手段细化到可执行的程度，饭店老板就无法采取任何行动，现状也不会发生变化。

然而，由于具体措施是一个个独立的要点，所以其重要性往往被低估了。确实，在缺乏目的和目标指引时，即使我们思考该采取何种手段，由于摸不清全局的状况，也只能一直从个别的侧

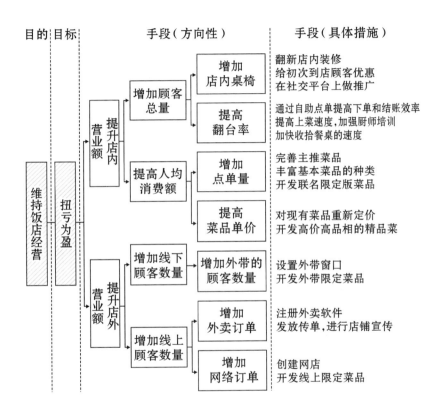

目的｜目标｜　　手段（方向性）　　｜手段（具体措施）

维持饭店经营 — 扭亏为盈

提升店内营业额
　　增加顾客总量
　　　　增加店内桌椅 → 翻新店内装修／给初次到店顾客优惠／在社交平台上做推广
　　　　提高翻台率 → 通过自助点单提高下单和结账效率／提高上菜速度，加强厨师培训／加快收拾餐桌的速度
　　提高人均消费额
　　　　增加点单量 → 完善主推菜品／丰富基本菜品的种类／开发联名限定版菜品
　　　　提高菜品单价 → 对现有菜品重新定价／开发高价高品相的精品菜

提升店外营业额
　　增加线下顾客数量
　　　　增加外带的顾客数量 → 设置外带窗口／开发外带限定菜品
　　增加线上顾客数量
　　　　增加外卖订单 → 注册外卖软件／发放传单，进行店铺宣传
　　　　增加网络订单 → 创建网店／开发线上限定菜品

【图 4-9】手段只有落实到具体对策时才是可行的

面进行分析。

　　战略指的是构思将现状改造为理想状态的脉络。从本质上来说，战略就是弥补现状和理想状态之间差距的手段。如果战略只停留在确定目的和目标的阶段，没有贯彻到探讨手段的阶段，那

就是本末倒置了。

手段是战略的核心。针对既定的目的和目标设置何种手段，决定了战略的独特性。制定战略时，我们不能只停留在确定目的和目标的阶段，还要鼓起勇气跨越到思考手段的阶段。希望大家通过本章的案例理解这一点。

完整布局，当一名战略型领导者

我们希望自己能够将目的、目标、手段这三种要素完整、连贯地表达出来。

战略能构思出将现状转化为理想状态的方法。而目的—目标—手段的三层金字塔结构描绘的就是为了什么、达到什么水平、如何行动的实施过程。因此，能够连贯地描绘这三个要素的领导者可以被称为"战略型领导者"。

如果只描述目的、目标、手段中的任意一项会怎样呢？

如果只描绘目的，而不着眼于实现路径，难免会被批判成不现实的空想家；如果一味追求目标，却没有理想做指引，那你只能算是一名监工；如果总顾着实施各种手段，全然不顾往哪个方向行进，那你就称不上是一名领导者，而只能算是一名工人。这些都不是我们心目中理想的领导者状态（如图4-10）。

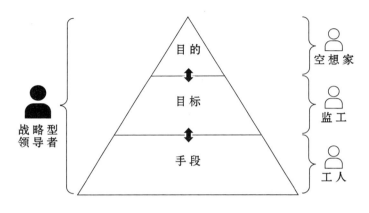

【图 4-10】完整布局的战略型领导者

目的、目标、手段，只有相互关联才有意义。我们不能只盯着某个部分，而是应该描述整体布局。只有这样，由目的—目标—手段构成的三层金字塔结构才会成为激励一线员工的完整布局纲领。我们的目标是成为一名能够描述完整布局的战略型领导者。

本章概述了作为战略核心的手段执行的五个基本动作。下一章我们将逐一深入探讨五个基本动作，掌握更实用的技巧，进一步推动这套与工作成果息息相关的基本动作，从而使手段更加切实可行。

第 5 章

认知：锁定问题的关键

　　手段源于提问。"因为存在未满足的需求，所以发明诞生了"。同理，因为要不断地回答提问，所以手段被催生出来。而认知就是辨别问题是否正确的试金石。

　　问题设置是剖析手段过程的开端。不同的提问会造就不同的手段，进而对后续工作创造的成果产生重大影响。本章将讲述对工作生产力产生决定性影响的锁定问题。

案例研究　提高企业生产力要从何下手

　　如今，劳务形态处于空前的变革时期。最近你所在的企业也有意实行劳务形态改革，你被提拔为推进劳务形态改革的项目负责人。

　　本次改革的目的是提高生产力，旨在进一步提高所有员工的产能。在开始实施提高生产力的措施之前，你必须先找出阻碍企业生产力提高的问题所在。解决什么问题才能提高企业生产力呢？如何通过认知找到亟须解决的问题呢？

创造成果的潜力由对的问题来决定

我们在前面的章节已经讲解了确定目的与设置目标的思维方式，接下来，我们要找到达成目的和目标的手段。所以，我们脑海中不禁浮现出一个问题：怎样做才能达成目标？

这个问题没错，不过，提问方式不够高明。如此笼统的提问方式，无法帮助我们找到实现目标所需要的，能够起到立竿见影的效果且行之有效的手段。平庸的提问只能得出平庸的答案，唯有高质量的提问才会引出高质量的答案。所以，我们一定要找到问题所在。

问题设定是选择以实现目标为导向的手段的第一步。如果从这一步就开始出错，那么后续所有的解决方案和实际行动就会形成连锁反应，可能会导致全盘皆错，得不到想要的成果，以至于白忙一场。

因此，在贸然开始实施手段之前，我们必须停下来，好好琢磨一下亟待解决的问题是什么。天才物理学家阿尔伯特·爱因斯坦说过一句话，指出了这一步的决定性意义：**"如果给我一个小时来解决一个决定终生的难题，我会先花 55 分钟来确认自己打算解决的是不是一个对的问题。"**

为什么要执着于问题的对错呢？对的问题这几个字就已经说明了一切。解决对的问题，才能直接创造成果。而解决错的问题，只会浪费我们的时间、金钱、精力，甚至搭上我们的人生。

问题的设定直接关系到能够创造的成果的质量。高质量的手段来自高质量的提问。既然问题的设定水平会对工作成果产生如此大的影响，我们必须掌握问题的设定技巧。为此，我们首先要深入理解什么是问题。

问题就是理想状态与现状之间的差距

问题究竟是什么？此前我们已经多次接触这个概念了，在此我们重新做一次确定的定义吧。

问题就是差距。什么跟什么的差距呢？

现状跟目标的差距。目的地与当前位置之间的真空地带，就是问题。在我们对比当前状态与理想状态时，问题往往就会显现出来（如图 5-1 ）。

为什么咨询顾问能精准地指出这些问题呢？因为他知道一家企业的理想状态是怎样的，以此为基准对比客户企业的现状，通过比较找出差距，形成对问题的认知。问题是不会凭空出现的，往往是以一个比较对象为参照，对二者进行对比后才能察觉出来。

问题究竟是什么，这么提问确实直截了当，然而这种提问方

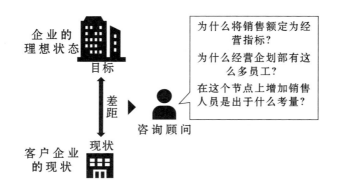

【图 5-1】问题体现的是理想状态与现状之间的差距

式过于笼统，很难与具体的解决方案联系起来。如果你想设定一个高质量的问题，提问方式应该是：**现状与目标之间存在着怎样的差距?** 这样可以帮助我们更清晰地认识现状，认识与之比较的目标，并通过对二者的比较，找到正确认识问题的线索。

带着目标才能察觉到问题出在哪儿

如果没有一个可以与现状进行比较的目标，我们就没办法锁定问题，即便提出了一些貌似问题的想法，也无法解释为什么问题出在这儿。举个身边的例子吧，一个体重超标的人说"我的问题是暴饮暴食"，大家会觉得很合理。但如果一个身材苗条、身体健康的人说"我的问题是暴饮暴食"，大家就会疑惑：为什么问题出在这儿?

也就是说，**问题源于目标**。如果有合理的目标，将其与现状进行对比，找到差距，就可以设定问题了。目标制定的高度、合理程度，决定了问题设定的高度，以及能否创造出更高的价值。因此，在组织中的职位越高，面临的问题的难度就越高，相应地，对组织的影响力也会越大。

如果目标制定错了呢? 错误的目标，就算达成了也无助于达成目的。按照这样的目标来设定的问题，就算解决了也不会创造任何成果。为了实现构建新的核心业务这一目的，即使拼尽全力达到生产车间的生产力提高 5% 的目标，目的也不会因此得以实现。

所以我要再次强调，设定问题时，"问题究竟是什么"的问法并不明智。首先应该问：**"我们打算实现什么?"** 以此为出发点，接着再问：**"目的地与现状之间的差距是什么?"** 这才是设定高质量问题的正确提问方式。

"取舍与集中"助你事半功倍

当我们在寻找问题时，要将察觉到的问题全部解决掉吗?

既然我们都知道人力、物力和财力的资源是有限的，时间也是有限的，那么上述问题的答案自然只能是否定的。

我们需要从众多问题中筛选出必须解决的问题，并集中火力解决它。以本人的经验来看，问题设定可以参考"二八定律"①。假设一共有 100 个问题，影响最终成果的关键问题大约有 20 个。100 个问题一个不落地处理一遍，还是圈定直接影响工作成果的 20 个问题进行集中处理？这两种做法相较之下，单位时间创造的成果截然不同。

因此，为了识别出亟待解决的问题，我们首先要想好从什么视角来锁定问题。选择的同时也意味着淘汰，筛选出亟待解决的问题，也就意味着舍弃无关紧要的问题。**提高生产力的关键不在于提高工作效率，而是如何抛开无关紧要的问题，专注于亟待解决的问题**。这就是事半功倍的奥秘。

那么，我们可以从什么样的角度来锁定问题呢？

最重要的角度是影响力。根据对目标产生的影响力大小来圈定需要解决的问题，例如"这个问题会对目标的实现产生决定性的影响，必须处理""这个问题影响不大，晚点再处理也行"等。如果某个问题解决之后对实现目标贡献不大，那就不值得在这个问题上浪费精力。将资源集中在对实现目标起决定性作用的关键问题上，这是团队在谋划解决问题时的基本思路。

面对任何问题都要全力以赴，听起来确实振奋人心。然而在现实情况中，面对有限的人力和时间，对待所有问题都一股脑儿

---

① 二八定律：又名 80/20 定律、帕累托法则、关键少数法则等，是由罗马尼亚管理学家约瑟夫·朱兰提出的一条管理学原理。它指的是在任何情况下，事物的主要结果只取决于一小部分因素。

地砸资源砸精力，只会徒劳往返。总之，我们要集中所有精力解决直接影响目的和目标实现的问题。

解决问题的本质

锁定优先解决的问题之后，对问题的认知就算结束了吗？虽然我们焦急地想进入下一阶段，开始思考问题的解决对策，但是在那之前，我们还要再启动一次认知——**问题的成因是什么**。

为什么必须追溯问题的成因呢？答案显而易见，因为解决问题的本质是梳理因果关系。

举一个熟悉的例子来帮助各位理解这一点。比如，怎样解决最近体重增加的烦恼呢？

我们若从表面来看待这个问题，就会想到：体重增加了，那就减重啊。然而，只思考到这种程度，我们还是不知道具体应该怎么办。**仅仅从表面看待问题，而不去深究深层原因，就不知道该采取什么具体行动，最终会导致我们解决不了任何问题。**

为了行动起来，你决定通过运动的方式来减轻体重。持续运动一段时间后，体重确实有所下降。于是，你觉得满意了，不用再运动了，结果停止运动之后，体重马上回升了。为什么会这样呢？这是因为体重增加的原因没有完全消除。这个例子告诉我们：**不问成因，治标不治本，问题还会卷土重来**（如图 5-2）。

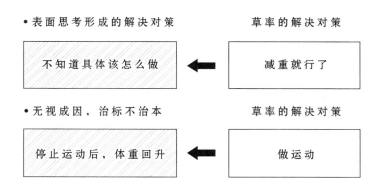

【图 5-2】草率的解决对策无法根除问题

　　为什么体重增加了呢？我们要探究背后的成因。回想起来，最近饭量变大了，酒也没少喝，几乎每天都吃夜宵。于是我们将饭量增加看作问题的成因，并采取控制饭量的措施。但真的这么做之后，你会发现自己反而更想吃东西了，受不了挨饿的感觉，结果又恢复到原来那种暴饮暴食的生活状态了。**采取的措施仅仅停留在浅层原因，效果往往不尽如人意。**

　　既然分析到这里了，就继续探究饭量增加的成因吧。于是你想到，最近升职了，除了此前负责的业务工作之外，你现在还要负责团队管理工作。奔忙于一线业务的同时，还要兼顾自己并不熟悉的团队管理工作。这些对你来说压力太大了。饮食失控是压力无处释放的表现。

　　业务和管理工作都压在了你一个人身上，才是造成体重增加的真正的原因（真实原因）。因此，你找上司商量，从其他团队借调了一名可以为你分担部分业务的员工。如此一来，你就可以专心管理团队了，每天感受到的压力没那么大了，饭量自然就减小了，最后体重也恢复如初了。通过这种方式梳理造成问题的因果关系，问题最终得以圆满解决。

体重增加这个问题的解决办法，居然是从其他团队借调一名业务员工。这一结论看似出人意料，却恰恰是因果关系的神奇作用（如图5-3）。

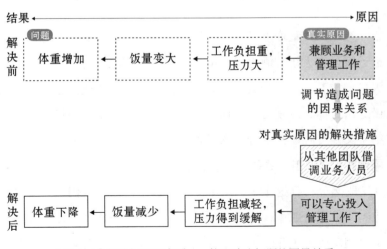

【图5-3】解决问题的本质——梳理造成问题的因果关系

问题背后隐藏着一个特殊的因果关系结构，就是诱发问题的动因。**如果能针对因果关系结构中的真实原因采取相应措施，就**

能从根本上改变造成问题的因果关系，永久地消除问题。因此，对问题的认知还需要深入到究明原因这一步。这就是为什么我要强调深究原因的重要性。

认知的步骤

接下来，让我们学习如何锁定问题，也就是认知的技巧吧。我们可以按照以下四个步骤来实践，此处我们沿用第 3 章提到的提高销售生产力的案例。如何锁定与目的、目标一脉相承的问题呢？我们一起走一遍整个流程吧。

步骤一：把握面向目标的现状

"你可以做个现状分析，看下问题出在哪里吗？"

收到这样的任务，你会怎么做？现状二字所指的范围很宽泛，不仅包括战略、组织结构、人员配置、业务设计、IT 环境和制度设计等，还涵盖了销售数据、客户数据、产品数据等海量数据。现状的内容实在过于宽泛，难以一一掌握。所以你不知道从何下手，心情因此有些低落，这是情理之中的事情。

然而，我们并不需要掌控公司目前所有的情况。我们是为了什么去研究公司的现状呢？答案是为了找到亟待解决的问题。前文说过，问题是现状与目标之间的差距。我们应该确定的是：**面**

向目标的现状如何。所以，**应该根据目标的内容来调研现状**。反之，展开地毯式的调查不过是浪费时间罢了。

在此举一个例子来帮助各位理解这一点。在第 3 章中，我们分解了提高销售生产力这一目的，并筛选出了一些目标。我们一心想实现这些目标，为此需要解决阻碍这些目标实现的问题。于是，我们可以将这些目标与现状进行对比，从而找出需要弥补的差距（如图 5-4）。

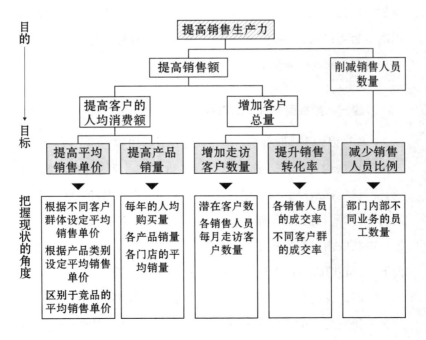

【图 5-4】以目标为基准，找到与之相对的现状

在实践中，最好是针对具体目标筛选出认识现状的角度，从这些角度来梳理现状。例如，将提高平均销售单价定为目标，那么调查与之相对应的当前的平均销售单价是多少即可（这里我们从客户群体、产品类别、对比竞品的角度来把握当前的平均销售单价）。如果能以这种方式确定地划定调查对象，我们就不会迷失在现状调研的茫茫大海之中了。

步骤二：从目标与现状的差距中发现问题

通过沿着目标的方向认识现状，我们可以找到目标与现状之间的差距。这个差距就是亟待解决的问题（准确来说是备选问题）。如果没有目标，那么我们就会失去衡量现状的标尺，找不到差距在哪儿。因此，**发掘问题离不开目标这个前提条件**。

让我们通过具体案例来进一步深化理解吧。在步骤一中，我们认识了围绕提高销售生产力的种种现状。以把握现状的角度为基础进行分析，就会发现各方面的差距是什么（如图 5-5 ）。

请各位注意，此处发掘出来的问题就是目标与现状之间的差距。例如，针对提高平均销售单价这一目标，现状可能存在以下两种情形：

· 给大客户打折优惠，导致产品单价下降；

· 产品单价比竞品低。

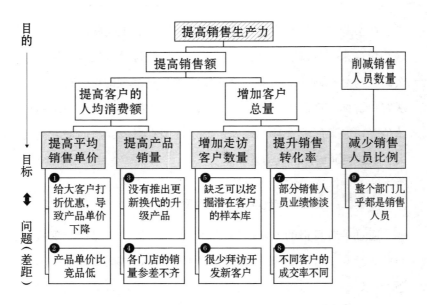

【图 5-5】将目标与现状之间的差距设置为问题

　　这些都是对比提高平均销售单价这一目标得出的差距，展现了理想与现实的落差。我们需要意识到一点：**正因为这是以目标为基准找出的差距（问题），所以消除差距就能达成目标**。如果是与目标无关的问题，哪怕被解决了，也无益于达成我们的目标，无法创造工作成果。

　　这里筛选出了 9 种差距，也就是问题所在，不过根据公司的实际情况，各自设定的问题自然会有所不同。正所谓千人千面，每家公司也都有各自的特点。因此，**问题设置不存在教科书式的**

统一规范，而是设置独有的问题。 如果千篇一律地设定为产品吸引力不足、成本没有竞争力之类的问题，那我们就不知道这是不是本公司应该解决的问题了，也不可能从本质上做出改进。

步骤三：挑出优先处理的问题

我们在步骤二中发现了 9 个问题。当然，经营资源是有限的，所以不可能按照编号的顺序逐一处理。关键是要挑出应当优先处理的问题，也就意味着问题的"取舍与集中"这一步。这是事半功倍的奥秘所在。

那么，我们要如何进行"取舍与集中"呢？

其中一个视角是前文提到的问题的影响力，即在多大程度上影响目标的实现。在把握现状时，影响力能够衡量目标与现状之间差距的大小。比如，由于对大客户实行打折优惠政策，导致产品单价平均下降 5%~7% 和本公司产品单价比竞品低 20%~30% 相比，很明显更应该重视后者。

不过，要想找到亟须解决的问题，还需要加入另一个视角，那就是问题解决的可能性。也就是说，**这是一个有可能解决的问题吗？** 不惧任何困难、刻苦钻研的精神确实令人敬佩，可是，越难的问题，处理起来消耗的人力、物力、财力和相应投入的时间就越多，这是商业社会的既定现实。然而企业经营追求的是以更少的投入创造更多的产出，问题的解决可能性决定了经营资源的投入量，这是管理者不容忽视的关键点。

　　例如，取消对大客户实行打折优惠政策，但由于大规模采购而给出的批发价，或者客户因为长期的业务往来形成了强势的议价能力，那么这个问题被解决的可能性就会很小。舍弃那些难以解决的问题，避免给团队增添不必要的负担，也是领导者的职责。

　　让我们试着用影响力和解决的可能性这两个坐标建立一个矩阵，将问题逐一排列出来吧。如此一来，我们就可以对问题进行全面直观的把控，公正合理地判断哪些问题处于亟待解决的优先地位，哪些问题处于次要地位。

　　让我们将上述案例筛选出来的 9 个备选问题排列到矩阵上面吧（如图 5-6）。此时，影响力和解决的可能性两个维度都处于

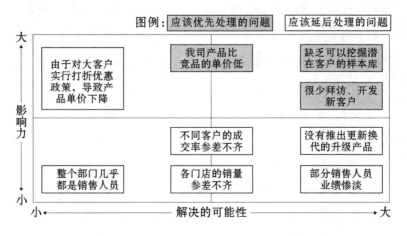

【图 5-6】用影响力和解决的可能性找到应该优先处理的问题

最大值的问题，无疑是优先级最高的。与此相对的，影响甚微、解决可能性小的问题则延后处理。在本案例中，位于矩阵右上方区域的 3 个问题就可以定为优先处理的问题。

如果你有能力解决每一个问题，那就不需要战略了，有所取舍才是战略。

步骤四：深究原因，锁定真正需要消除的问题

我们经过步骤三找到了应该优先处理的问题。接下来我们试着梳理因果关系，从根本上解决这些问题吧。因此，我们需要深究问题的成因，分析因果关系的逻辑。

那么，我们应该怎样剖析问题的成因呢？

可以从原因的广度和深度两个视角进行分析。

从广度的视角来分析原因是什么意思呢？

这需要我们先抛开原因是什么，通过追问原因出在哪儿，从更广的视角把握原因的出处。比如当你感冒的时候，如果从你自己（免疫力差）、他人（周围有人感冒了）或外部环境（气温骤降）各个切入点出发，就能全面把握所有可能的原因。

此处需要格外注意，越是在深入探究原因的初始阶段，即树状图的开端处，越需要小心，确保没有遗漏切入点（如图 5-7）。而树状图的末端只是细枝末节，即使有所疏漏也影响不大。但如果漏掉了靠近开端位置的内容，那么后面延续出来的枝叶和果实就可

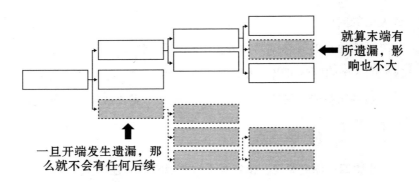

就算末端有
所遗漏，影
响也不大

一旦开端发生遗漏，那
么就不会有任何后续

【图 5-7】越是在靠近开端的位置出现疏漏，越容易错失解决问题的重要机会

能意义不大。只有我们意识到遗漏原因就意味着失去解决问题的机会，才会格外注意不要在原因分析的开端位置出现疏漏。

避免疏漏的有效办法是采用全世界盛行的各种框架（5W1H 分析法、3C 分析法[①]、4P 营销理论[②]、PDCA 循环[③]、价值链……）。运用这些可靠的分析方法，可以有效预防必要的原因被遗漏。

[①] 3C 分析法：又称 3C 战略三角模型，由日本著名管理学家、经济评论家大前研一提出。他强调制定任何经营战略时，都必须考虑三个因素，即 Customer（市场和顾客）、Competitor（竞争对手）、Company（本公司）。

[②] 4P 营销理论：即 Product（产品）、Price（价格）、Place（渠道）、Promotion（推广）。该理论诞生于 20 世纪 60 年代的美国，是一种营销策略组合。

[③] PDCA 循环：由美国质量管理专家沃特·阿曼德·休哈特首先提出。该循环将质量管理分为四个阶段——Plan（计划）、Do（执行）、Check（检查）和 Act（处理）。

分析原因的另一个视角是挖掘原因的深度。

也就是说，通过追问为什么会发生这种情况来深入挖掘导致问题发生的真实原因（根本原因），从而确定因果关系。我们梳理因果关系时锁定的对象必须是导致问题产生的真实原因，针对真实原因提出对策才是解决问题的关键。

那我们挖掘原因时应该深究到什么程度呢？不断地追问"为什么、为什么"，这看起来似乎没完没了。

对此，有一个结束追问的办法：刨根问底，直到你和团队真正认同为止。

以我的个人经验来看，只要认真地分析到底，肯定会出现一个瞬间让你笃定这就是真实原因。反之，如果你只是模糊地觉得大概是这个原因吧，说明你探究的程度还不够深。因此探究到底，直到你可以斩钉截铁地告诉项目的相关人员"这就是真实原因"为止。其间，你需要怀着一颗刨根问底的"探究心"是关键，不要小聪明，彻底分析本质原因。

以步骤三中发现的一个问题为例，我们从广度和深度两个视角剖析原因（如图5-8）。横向的广度通过搭建传统的3C框架（市场和客户、竞争对手、本公司）进行分析，从而保证涵盖范围足够全面。立足于这些问题，追问"为什么"，进一步深入探讨真实原因。对原因刨根问底，直到达到从实际业务层面也能认同该原因的程度，才算是对问题形成了充分的认知。

134

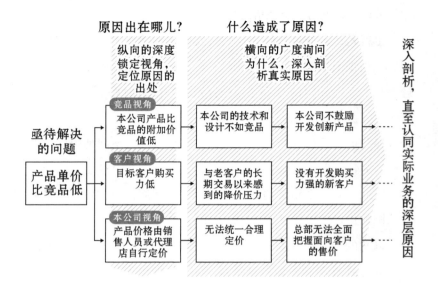

【图5-8】从广度和深度两个视角把握因果关系

案例解答

到目前为止，我们对认知的思维方式已经有了充分的了解，让我们应用到实践中，来判断本章案例的问题是什么吧。

到底要解决什么问题才能提高企业生产力呢？

我们通常是将现状与目的、目标之间的差距设置为问题，这一点很重要。因此，千万不要一开始就立即想问题是什么，而是要先确定打算实现的目标是什么，这才能锁定问题的第一步。

因此，我们先从制定改革劳务形态的目标入手吧。本次劳务形态改革的目的是提高生产力，也就是提升全体员工的人均产量。我们就以此为出发点，思考怎么做，从而再分解具体的目标吧。

我们先看一下这个提升产量的公式：

提升产量 = 增加工作时间 × 提高产生附加价值的时间比例 × 提高速度 × 提高准确度。

提升产量的第一项对策是增加工作时间。当然，工作 10 小时肯定比 8 小时的产量高。然而本次的任务是劳务形态改革，所以排除第一项。

第二项对策是提高产生附加值的时间比例。假设一天的工作时间是 8 小时，这 8 小时并非每时每刻都在创造成果。总有一部分时间是无效的，比如上一个流程的信息传递延迟，导致只能被动等待，或是找不到需要的数据，浪费了时间，又或是单纯无事可做，只能坐着发呆。第二项对策的含义是减少无效时间，或者增加创造附加值的有效时间。

第三项对策是提高速度。它指的是在产生附加价值的时间内的工作效率。在一个小时内，有的人可以制作一张 PPT，有的人却能制作两张，后者的生产力是前者的两倍。

第四项对策是提高准确度。无论工作效率多高，如果不能创造成果，那一切努力都毫无意义。提高准确度的含义是减少低质量产出，带来更多有利于创造成果的产出。

　　通过以上分析，我们筛选出三个目标：提高产生附加价值的时间比例、提高速度、提高准确度。接下来，可以将这三个目标作为标尺，思考现状与目标之间的差距是什么，从而锁定问题（如图 5–9 ）。

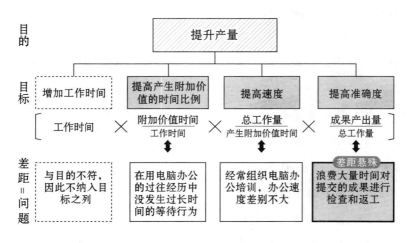

【图 5–9】制定目标后，找出问题，即目标与现状之间的差距

　　亟待解决的问题总是出现在现状与目标之间的差距之中。在本案例中，我们可以判定该企业存在的问题是工作准确度低。通过深入剖析问题的成因，我们一定能发现亟待改进的环节，主管

和员工之间事前沟通不充分，工作过程没有设置检查节点，员工的业务知识储备不足等。

另外，若少了判定问题的步骤，即便采取了多组织几次电脑快捷键的使用培训、19点办公室熄灯、原则上禁止携带办公电脑回家之类的措施，对于提高生产力也毫无助益。只有知道什么是对的问题，从而采取相应措施，才能创造工作成果。务必谨记：在错误的问题上不论付出多大的努力，到头来都只是竹篮打水一场空。

因果链：所有企业通用的因果关系全景图

到目前为止，我们学习了如何根据现状与目标之间的差距发掘问题，深入剖析问题的成因，从而锁定真正应该消除的问题。当然，各家公司发掘的问题千差万别，问题背后的成因也不尽相同。

当我们穿过种种表象的迷雾，以全局的视角看待问题时，就会发现所有企业和组织共通的因果关系结构图。只要掌握了这张结构图，就能更迅速、全面、不偏不倚地锁定问题出在哪儿，搞清楚成因是什么。

那么，这种因果关系的结构图究竟是什么样的呢？

它主要由三个层次组成：**方针**、**执行**、**成果**。从全局来看，企业或组织一般包括以下行为：

　　·制定方针；

　　·根据方针执行任务；

　　·创造与执行匹配的成果。

　　以上就是从原因到结果的流程。我们可以称之为**因果链**（如图 5-10 ）。

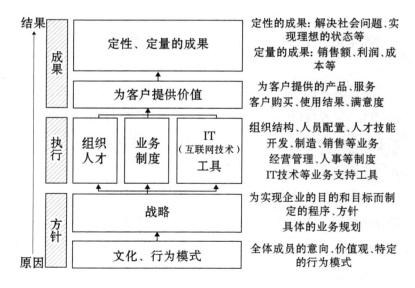

【图 5-10】因果链：依照方针、执行、成果三层结构，从全局把控创造成果
的因果关系

第一层的成果包括定性和定量的成果。所有的企业活动最终都是为了实现各企业的经营目的，并创造利润。因此，企业活动的最终结果就是定性和定量的成果。为了创造这些成果，需要让客户使用本公司的产品和服务，并切实感受到价值。于是，紧随其后的便是为客户提供价值。

第二层的执行由三个要素组成：组织和人才、业务和制度、IT和工具。简单来说，这三个要素概括了谁、做什么、怎么做的实际行动场景。有了这个逻辑链，企业才能不断地创造出为客户提供价值的结果。

第三层的方针对执行层起着决定性作用。也就是说，方针层为执行层指明了行动的理由和方向：为什么要这样做、朝哪个方向做。

事实上，执行层的三个要素的构成方式是依托于战略进行设计的。比如，如果制定的方针是利用数字化技术加速拓展海外市场，那么企业就会根据该方针组建面向海外市场的数字营销团队，运用数字化技术设计新型的未来业务，并为此引进IT系统。战略其实就是无形的构想，为了将想法转化为现实，这三个要素缺一不可。

另外，战略源于企业的**文化和行为模式**。比如，"薄利多销和厚利少销哪个更好"之类的问题没有正确答案。有的企业希望向更多人普及自家产品，有的企业只希望专注于满足特定顾客群的需求。

最后是组织成员的价值观，即组织成员想做什么、认为自己应该做什么，这是从根本上决定一家公司未来走向的深层原因。这也是为什么著名的企业家们都极其注重企业文化。

从今往后，如果你再为问题的成因发愁，就想想这张因果关系结构图吧。当你被问题重重包围，不知道何去何从时，因果链就会像一张展示因果关系全貌的地图，助你走出迷雾。

找准对的问题，正确的对策就会随之而来

在本章结束之前，我想再次强调：提高生产力的关键是找准对的问题。

天才爱因斯坦说过，思考的秘诀在于专注思考对的问题。当我们谈论解决问题时，重点要考虑的是问题，而不是解决。为了拿出更好的解决方案，必须对问题进行全面的剖析，这就是逆向解决问题的思路。

可恰恰相反的是，大家往往连自己要解决什么问题都还没搞清楚就开始埋头苦干了。在全身心投入工作之后，有时会忘记最初打算解决的是什么问题，却又以为自己在稳步推进工作。但这是真正意义上的工作吗？这只是你臆想自己在创造成果而已，事实上你的工作没有带来任何成果。

　　如果你的问题设置对了，那你得到的回报可能是超越努力值的数倍成果；但是，如果问题设置错了呢，那你所有的努力有可能付诸东流。这就说明了问题设置有多么重要。在找准问题之前，推迟几天再开工也无妨。若是发动整个团队耗费数周乃至数月的时间去处理一个无关紧要的问题，其结果不过是严重浪费管理资源。

　　因此，我们必须不遗余力地设法找对问题。只要找对问题，那么正确的对策自然就会随之而来。

第 6 章

判断：如何在最短时间内得出最佳结论

我们在上一章学习了关于锁定亟待解决的问题的技巧——认知。然而，对于通过解决问题来创造价值的领导者而言，仅仅像评论家一样提出问题是无法胜任管理工作的。组织的领导者还应当着眼于攻克问题，为团队指出具体的解决措施。接下来，我们开始学习判断的技巧吧。

案例研究　缓解项目中的工作强度，应做出怎样的判断

假设你是一名项目经理，负责一个提升内部员工销售水平的项目。项目内容是重新评估当前的销售流程和销售人员配置、提高销售的效率和转化率。项目的人员构成还包括一名副经理和三名员工，项目期限是三个月，前一个半月了解公司的销售现状，后一个半月制订改进方案。

项目开始一个月后，副经理井上找你商量："项目已经开始一个月了，但还有很多工作要落实，真担心我们不能在指定时间内完成任务……我也在分担一些事务，可是两周后就要交中期报告了，再之后就只剩下短短一个半月的时间，按照现在的进度我总觉得没办法按时完成项目……我们该怎么办啊？"

之前你与井上共事时，注意到了他出色的工作表现，于是这次你提拔他当副经理。你作为项目经理，负责把控项目的工作强度，根据你的观察，目前的工作强度还没达到难以承受的地步。因此，你还是希望井上凭自己的能力克服困难，成长为一名能够引领一线业务发展的、成熟稳重的领导者。

面对上述情况，你如何判断自己应该做什么，并为井上提供一些建议呢？

判断就是区分做什么与不做什么

在日常工作中，如果下属来征询意见："我遇到了某个问题，怎么办？"这时你就不由自主地进入了判断的境地。或者我们向上司汇报"今后的发展方向有 A、B 两种选择，我该选哪个呢"，这时我们希望上司做出判断。在这些情况下，下属是在向我们寻求什么？我们又在向上司寻求什么呢？

简单来说，其实就是**区分做什么和不做什么**。无论是下属来征询我们的意见，还是我们去征询上司的意见，其实都是为了分清需要做什么和不必做什么。顾名思义，判断就是判别备选解决方案，然后决定做什么和不做什么。

确定告诉别人做什么，是对判断最起码的要求。然而，连最起码的要求都达不到的判断（或近似于判断的形式）却很常见。比如，当下属询问"A 和 B 两种方案，应该执行哪个"时，如果回答说"A 方案似乎会有效果，但成本太高。B 方案容易执行，但感觉效果一般"，这就不算是合格的判断。确定指示"请执行 A 方案"，才是下属想要的判断（如图 6-1）。

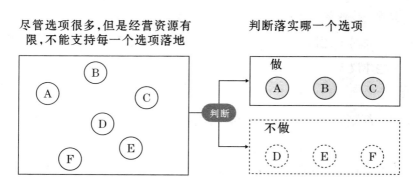

【图 6-1】判断就是区分做什么和不做什么

为了更清晰地展现你的判断，同时还需要阐明不做什么。如果你只说："做某件事。"来征询你意见的人可能会有所顾虑："其他事情真的可以不做吗？"这时候，如果你回复他："就按这个方向进行吧，其他事项不触及问题本质，可以不用管。"那么，对方的疑虑就会烟消云散。由此可见，"不用做某事"的说法并非一种消极的否定，反而指向真正重要的工作。

我们不可能活在一个理想的环境中，在掌控所有信息、具备全部条件之后做出 100% 正确的判断。正因为信息和条件不充分，所以才需要做出判断。为了弥补这种不充分，需要注入决策的力量。这种做什么、不做什么的决策，确定地表达了个人的决定是什么。

好的判断和差的判断的四种类型

当我们区分做什么和不做什么时，可以得出两种判断结果：好的判断和差的判断。此时，我们评定好坏的依据是什么呢？

那就是，**如果本应采取的措施与实际判断吻合，那就是一个好的判断，如果不吻合，那就是一个差的判断**。根据本应采取的措施与实际判断之间不同的对应关系，可以总结出以下四种判断结果（如图 6-2）：

让我们展开来看这四种判断结果吧。一方面，好的判断有两种类型。

一种是**践行合理的举措，即做应该做的事**。比如：拜访客户之前，先预估客户的需求；推进生产车间可视化，加快生产环境改善；针对项目不同阶段出现的问题，团队成员之间互相协作解决等。只有切实执行这些应该做的事，我们才有可能在工作中创造出价值。所以，我们可以称之为**创造有价值的判断**。

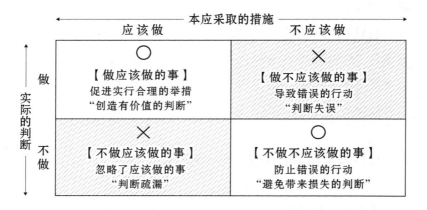

【图 6-2】判断与本应采取的措施是否吻合

另一种是**防止错误行动的判断，即不做不应该做的事**，我们可以称之为**避免带来损失的判断**。比如，规避目的尚未理清就贸然开工、高危作业之前不认真对待安全检查工作、做决定时不核实关键信息的准确性等。规避不应该做的事也是需要判断的。如果没有及时规避，做了不应该做的事，那么就会造成重大损失（产生负面影响）。为了避免这种情况，一定要确定地指示不能做不应该做的事。

另一方面，差的判断分为判断失误和判断疏漏两种类型。

判断失误指的是导致错误行动的判断，即做不应该做的事。

比如，某业务明显不适应时代趋势，在完全没有可持续性的情况下，还要求继续投资该业务就属于判断失误。在本应砍掉的业务上面继续消耗精力，这就属于差的判断。

判断疏漏指的是忽略了正确行动的判断，即不做应该做的事。比如，没有按上级的要求仔细复核与投资决策相关的重要财务数据；在错误数据的误导下，放弃投资一个好项目。从错失良机的角度来看，这就属于差的判断。

综上所述，判断的结果其实相当清晰。因此，耍小聪明是没有用的。我们要将做应该做的事、不做不应该做的事这个简洁的原则作为平时自我约束的工作理念，指导我们的每一次判断。我们在做任何判断时，都应秉持这样的理念。

妥善的判断 = 判断的质量 × 判断的速度

那么，怎样才能做出妥善的判断呢？

请看下面这个妥善的判断公式：**妥善的判断 = 判断的质量 × 判断的速度**。

一个判断是否妥当，是由判断的质量和速度这两个要素决定的。

其中，判断的质量是由什么决定的呢？

回想一下，我们最初判断的出发点是什么呢？为了解决问题，进一步达成目的和目标。因此，**是否有助于目的和目标的实**

现决定了判断的质量（如图 6-3 ）。假如有人来请教你："怎样才能成为一名合格的领导者？"你却建议他"学好 Excel 函数公式"，这就不算是高质量的判断。因为，按照该判断所采取的行动没办法实现对方的目的。

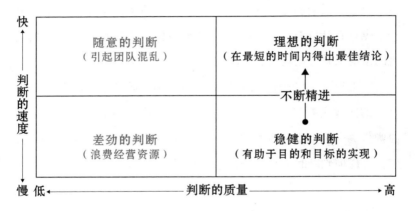

【图 6-3】要想做出妥善的判断，首先要提高判断的质量

做出妥善的判断的另一个决定要素是**速度**。

为什么判断的速度对于领导者如此重要呢？因为判断承载了众人对领导者的期望。当我们成为一名带领团队的领导者时，我们需要承担的，不是按部就班的固定工作，而是处理各种突发的、特殊情况的临时工作。资历尚浅的普通员工应付不了的特殊情况，恰恰需要领导者做出判断，指出解决问题的对策。

如果判断滞后会出现什么情况呢？判断拖延多久，整个团队的行动就延误多久，这不仅造成人力成本的浪费，还让团队错失本可以在有效运转状态下创造成果的机会。**从直接影响工作的投入和产出的角度来看，判断的速度会对创造结果的生产力产生决定性影响。**

当然，谁都希望做出一个兼顾质量与速度的敏锐判断，这是最理想的状态。不过，我们在今后训练自己的判断能力时，最好避免落入"搏二兔而不得一兔"的窘境。

那么，我们应该优先保证哪个要素呢？答案是：质量。匆忙之中做出的随意的判断只会让团队陷入混乱，不如先做一个有助于达成目的和目标的稳健判断吧。

过往经验逐渐失效

怎样才能提高判断的质量呢？

关键在于**判断基准**是什么。

我们在判断时，背后通常会有一套如何决策的思维方式和基本依据。由于判断的结果取决于判断基准，因此，**判断基准直接决定了判断的质量**（如图 6-4）。总之，提高判断能力的关键在于意识到自己在以什么基准进行判断。

这时你可能会觉得"以前这么做挺管用的，这次也沿用老方法吧"。然而，过去的成功经验置于当下，未必可以作为一项判

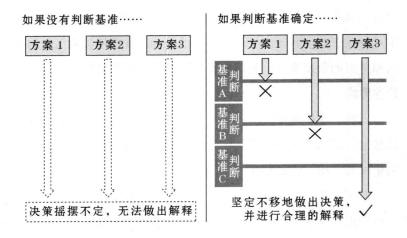

【图6-4】判断的质量由判断基准决定

断基准。因为我们正处于变幻莫测的 VUCA 时代，**过往经验逐渐失效**的形势日益显著。比如：

·过去在电视上只能观看特定时间播出特定时长的特定节目；

如今借助网络可以在任意时间观看任意内容。

·过去通常只有企业和媒体之类的大型组织耗费大量资源才会对社会产生影响；

如今个人（网络红人）可以通过网络社交媒体平台对社会产生影响。

·过去工作都是面对面沟通；

如今利用线上会议远程沟通、开展协作也能顺利完成工作。

这些都是我们每一个人亲眼所见、每天都在亲身经历的时代变化。

在这瞬息万变的世界里，一味照搬过去的经验已经行不通了。除了沿用老办法，还有其他判断基准供我们参考吗？有，我们还有以面向未来的目的和目标作为判断基准。

我们在判断时不能因为以前一直挺顺利的，就一味地向后（过去）看，而应该为了实现未来的愿景而朝前（将来）看。既然判断的质量取决于是否有助于目的和目标的实现，那么，**做出妥善判断的关键就在于——将目的和目标作为判断基准。**

假设你现在刚晋升为管理层不久，正在思考今后自己该如何开展工作。如果你想着自己之前一直表现得很好，并按照这个思路做出判断会怎么样呢？沿着过去熟悉的路径畅想未来，也许你会想到这些点子：精准高效地完成上级布置的任务、将 PPT 制作得更精美、在 Excel 表格中使用更高级的函数等。

可是，如果手下的员工问你："我们应该朝什么方向努力，应该做些什么呢？"这时你该怎么办？这不同于"确保工作不出错"或是"制作精美的资料"这样的事务，这不是套用过去的路径就可以应付过去的。

此时你需要的是：以目的和目标为基础，引领团队前进，承担起领导者的职责，从而为组织带来更高水准的判断成果。

当你站在未来的角度重新审视自己时，你就会想到确定团队的目的和目标、设计出精细的工作流程、根据工作的关键节点安排最合理的人员架构等面向未来的策略。这与走过去的老路相比，哪种思维更符合领导者的身份呢？答案自然不言而喻了。

判断总是以达成目的和目标为导向的，这就是我们在决策时将目的和目标作为判断基准的原因。当我们对判断基准形成了清晰的认知，就可以屏蔽外界的噪音，坚定不移地做出合理的决策。

判断的步骤

当亟待解决的问题锁定完毕，也就是认知的过程结束之后，紧接着就到了判断阶段。这是为了解决前面锁定的问题，决定做什么和不做什么的过程。具体的流程就是，筛选出做什么的相关备用选项，接着从中选出实际执行的决策。完整的思维过程可以具体分为以下四个步骤。

步骤一：为亟待解决的问题制定相应的应对方针

判断的第一步是为解决问题制定一个高层次的应对方针。如果还没有定好一个大方向，团队就贸然开始执行细致的措施，很可能会出现行动方向的偏差，或遗漏其他要点。因此，我们要先从全局角度出发，确定前进的总体方向。

那么，我们应该如何制定解决问题的应对方针呢？

让我们回顾一下解决问题的本质吧。解决问题的实质就是消除问题产生的根本原因，调整问题产生的因果关系。而为如何消除根本原因指明行动方向的正是应对方针。那么，**要想消除在认知阶段识别出来的根本原因，我们只需要制定应对方针指明方向即可。**

我们继续沿用上一章认知阶段使用的案例。在该案例中，目的是提高销售生产力，目标是"提高平均销售单价"，发掘的其中一个问题是"产品单价比竞品低"。以此为出发点剖析成因，我们能得出以下三点原因：

· 公司内部不鼓励开发创新产品；
· 不重视开发议价能力低的、新的小客户 ① 群体；
· 总部无法全面把握面向客户的售价。

而应对方针可以聚焦上述原因，设定调节因果关系的方向（如图 6-5 ）。

———————————

① 　小客户：指的是个人客户或者消费频率低的客户。

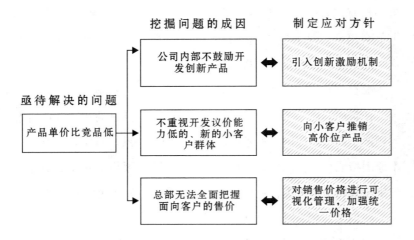

【图 6-5】聚焦问题成因，制定应对方针，从而调节问题产生的因果关系

这时，可别忘了目的—目标—手段的三层金字塔结构。我们正处于规划以达成目的和目标为导向的手段层级，为了确定手段，我们已经通过认知识别出亟待解决的问题，当前这一步正在判断该问题的应对方针。尽管一提到具体手段，我们的视野就会不知不觉地变窄，但是我们仍要注意在整体和部分、全局视角和局部视角之间来回切换。

步骤二：拆解方针，筛选解决方案

虽然我们在步骤一制定了应对方针，但如果就这样传达下去，团队成员会质疑："从大方向来看没问题，可是……"这是因为内容层次太高（偏概括性），赞成和反对的态度都模棱两可。这种"大方向赞成"的答案不能算是有意义的决策，因此，我们必须更进一步提取出详细的解决方案。

那么，我们应该如何给出解决方案呢？

为了深入思考，我们需要围绕应对方针追问怎么做。这时，我们可以通过纵向和横向两个维度来筛选解决方案，建立一个系统性的策略结构。接下来，让我们逐一分析这两个维度吧。

纵向维度指的是扩大解决方案的备选项（选择范围）。该过程体现的是选择性思维。扩大备选项的重要性体现在规避一招失误全盘皆输的困境。为了不漏掉那些潜在的、可行的备选方案，我们先不考虑能否实现的问题。我们不妨后退一步，从零开始广泛思考各种解决方案吧。

让我们继续之前的案例。步骤一提出的其中一项应对方针为向小客户推销高价位产品，我们对此从纵向维度提问怎么做，从而展开解决方案。比如，以筹、产、销的价值链作为切入点，可以从应对方针中推出以下三种解决方案：

- 筹：研发小客户专供产品；
- 产：打造多品类小产量的生产模式；
- 销：提高各种类型的客户的销售转化率。

不过，上述内容依旧没有突破"大方向赞成"的范畴，这时还需要横向的视角。横向视角意味着对解决方案的具体化。如果解决方案不够具体，那么决策也会模糊不清，所以我们必须让解决方案变得更具体，可以直接应用于实际业务。

那么，继续用刚才的案例来说明横向视角吧。比如，对研发小客户专供产品这一解决方案追问如何做，我们就能提取更多具体的解决方案，包括建立可以汇总并识别小客户共同需求的机制、整合商品配套选项以满足客户的多样化需求等。只有深入到这个层面

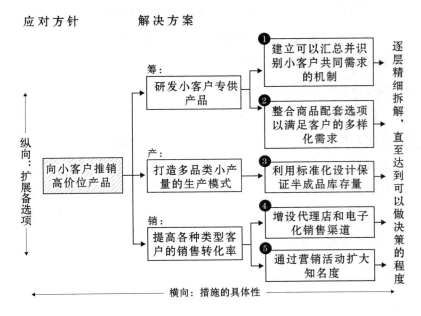

【图6-6】从纵向和横向拆解应对方针，展开具体的解决方案

上，才会引发该做还是不该做的热烈讨论，产生有意义的决策。

最终我们会得到一个围绕应对方针展开的结构体系——解决方案树状图（如图 6-6），可以说，有了这张树状图，创造成果的潜力如何就一目了然了。

步骤三：从目的和目标提取判断基准

我们都知道，经营资源是有限的。因此，我们必须从备选方案中辨别出做哪个、不做哪个。为此，我们需要一个判断基准对大量的方案进行过滤，保留有前景的方案，筛掉没有前景的方案。如果判断基准是清晰的，那就可以避免说不清道不明的决策，而是有凭有据地解释为什么会做出这样的决定。

那么，我们应该如何设置这样的判断基准呢？关键在于这两种思考方式：从目的和目标提取判断基准；评估判断基准的重点。

我们做出判断，就是为了达成目的和目标，反之，判定决策是否正确的根本依据就是做出的判断是否有助于达成目的和目标。因此，只要从根本依据出发，从中提取出具体的判断基准，就离妥善的判断不远了（如图 6-7）。

试着将这个方法应用于前面的案例吧。在步骤二中，我们提出了五个解决方案。我们是为了什么而拟定这些解决方案的呢？是为了"通过提高销售单价来提高销售生产力"，那就以此作为依据提取判断基准。因此，我们可以提取出以下三个判断基准：

158

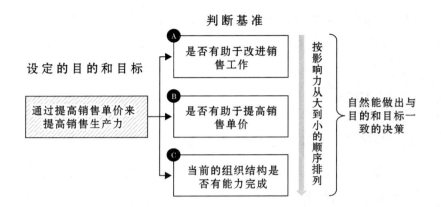

【图 6-7】从目的和目标提取判断基准，做出优质判断

· 是否有助于改进销售工作？

既然目标是提高销售生产力，那么大前提就是"对策 = 改进销售工作"。

· 是否有助于提高销售单价？

更有助于实现"提高平均销售单价"这一目标的对策才是优质的对策。

· 当前的组织结构是否有能力完成？

采取本部门无力完成或难以完成的对策是毫无意义的。

此外还有关键的一步是，对提取出来的各个判断基准进行评估，确定哪个是重点。换言之，就是按照应该优先满足的程度对判断基准进行排序。

例如在制造业中，安全性是优先于质量、交付时间和成本的第一判断基准。无论产品在质量、交付时间或成本方面多么突出，只要危害到消费者的安全，就会被淘汰。

出人意料的是，评估判断基准的重要性的环节经常会被忽略，这往往会导致我们迷失判断重点的方向。只要在实际工作中对提取出来的判断基准按照影响力从大到小的顺序进行排列，就可以避免这种情况。在此，我们要记住：基准和排序作为下判断前的准备工作，二者缺一不可。

步骤四：参照判断基准制订执行方案

解决方案和判断基准都完备之后，终于到了最后一步的决策：敲定执行哪个方案。为此，只要将前几步准备好的要素进行交叉排列，就会看到结果。这个交叉表叫**选项矩阵**。

在选项矩阵中，纵轴是判断基准，横轴是解决方案（备选项）。以判断基准为依据，逐个筛选解决方案，剩下的便是执行方案。在实际工作中，最好在矩阵图中标上○、△、×等评估记号，以便清晰地展现判断结果。

此时应该注意，要给○、△、×附上评估理由。如果只有记号，那依然没有摆脱模棱两可的状态，看起来○是似乎还行、×是可能、△是不知道怎么说。为了让判断看起来更清晰，一定要

160

从始至终将思考过程落实成简明易懂的文字（如图 6-8 ）。

解决方案 = 备选项					
判断基准	①建立可以汇总并识别小客户共同需求的机制	②整合商品配套选项以满足客户的多样化需求	③利用标准化设计保证半成品库存量	④增设代理店和电子化销售渠道	⑤通过营销活动扩大知名度
A 是否有助于改进销售工作	更高效地增进对客户的了解	通过制定商品目录，有效满足客户的价值诉求	成品交货期缩短，间接降低了销售难度	实现了"一对多"销售的可能	将客户分类，这样接待时更轻松
B 是否有助于提高销售单价	提升为客户提供的价值，从而促进单价的提高	挑出有高价出售潜力的商品	虽然改善了交货期和生产力，但与单价无关	必须对代理店的销售价格进行统一管理	随着顾客群的扩大，销售高价产品的机会增加
C 本部门是否有能力完成	销售企划部可以独立应对	必须与商品企划部合作	需要制造部门的全面改革	销售企划部可以独立应对	必须与市场部合作
优先程度	高 应该立即执行	中 应该执行	低 不执行	中 应该执行	中~低 优先执行其他方案

【图 6-8】用备选项 × 判断基准的矩阵将决策可视化

　　根据判断基准的评估，对各个备选项进行优先级排序，最终得出优先执行方案为"建立可以汇总并识别小客户共同需求的机制"。

通过上述形式清晰展示备选项（决策的对象）和判断基准，得出结论的全过程就可以一览无余。决策的可视化可以帮助你自信地向他人解释，从而有利于得到决策者的首肯和团队的认可。我们要善用备选项和判断基准这两把利刃，做出快速、清晰的判断。

案例解答

让我们运用前面学到的判断技巧，思考一下对忙得不可开交的井上应该提什么建议吧。归根结底，就是判断出合适的应对方式，告诉井上该做什么。因此，让我们先找出都有哪些该做的事可以成为备选项吧。

在项目运转过程中，有许多因素会影响项目的完成质量和工作强度。作为项目经理，你需要掌握这些因素，确定哪个因素才是你必须解决并采取相应行动的。

那么，影响项目的完成质量和工作强度的因素都有哪些呢？我们可以参考下方以项目管理的"铁三角"著称的三种因素：

·Scope（范围）：项目的实施对象与范围；

·Resource（人力资源）：项目人手；

·Time（时间）：项目工期。

这三个因素对一个项目的工作强度具有决定性作用。三角结构的任何一个顶点失衡，比如范围太广、人手太少或是期限太短，都会加重项目整体的工作强度。即便硬着头皮把项目做完，项目的完成质量也会大打折扣。

参照"铁三角"模型，可以筛选出三个备选项，这是我本人在项目管理中时刻关注的要点（如图6-9）。

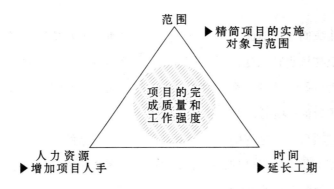

【图6-9】用"铁三角"模型管控项目的工作强度

备选方案筛选完毕，接下来就需要选择去执行哪一项。这时就需要一个判断基准作为选择的依据。回想一下前面说过的，判断基准来自为了什么做出判断，也就是判断的目的。

本案例有两个判断目的：一是你作为项目经理，需要缓解当前项目的工作强度问题；另外一个更重要的目的是，让井上靠自己的力量渡过难关，成长为一名成熟稳重的领导者。我们希望井上自主应对当前的处境，在实战中训练出领导者必备的能力。

参照上述两个目的，可以归为以下两个判断基准。其中，培养作为领导者必备的能力这一判断基准更重要。

・是否有助于培养作为一名成熟稳重的领导者必备的能力；

・是否能够缓解工作强度。

按照上述方式准备好备选项和判断基准后，将这两者交叉组合，创建一个选项矩阵，评估备选方案，为执行做好准备（如图 6-10）。

判断轴	解决方案 = 备选项		
	❶ 精简任务范围	❷ 增加项目人手	❸ 延长工期
A 是否有助于培养作为一名成熟稳重的领导者必备的能力	让井上自主精简范围，从而锻炼领导者的思维能力	单纯地增加人员，无助于培养领导能力	单纯地延长工期，无助于培养领导能力
B 是否能够缓解工作强度	如果精简工作范围的方式不当，那么工作负担也许不会减轻	增加人员可以有效减轻工作负担	延长工期可以有效减轻工作负担

▼

判断基准的重点决定了应该执行选项❶

【图 6-10】只要确定判断基准的重点，就算备选项各有优缺点，也能做出最终抉择

　　然而，实际创建完选项矩阵之后就会发现，三个备选项各有优缺点，似乎没有明显的绝对优势选项。一方面，采取精简工作范围的对策，如果精简方式不当，工作强度也未必会降低；另一方面，单纯地增加人数或延长工期，显然没办法锻炼井上的能力。

　　越是在这种难以取舍的情况下，越是到了核实判断基准重点的紧要关头。在本案例中，"培养井上的领导能力"比"缓解当前的工作强度"更重要，因此，应该优先选择最有利于提升井上领导力的选项。于是，我们就可以做出判断：执行"精简任务范围"选项。而其他两个备选项"增加项目人手"和"延长工期"与目的并不匹配，我们可以确定这两项"暂不执行"。

　　当你对自己的判断基准胸有成竹了，接下来就可以清晰地向对方解释你的判断意图和依据。现在，你可以向井上传达以下清晰连贯的指示："井上，你是副经理，我希望你在这个项目中可以独当一面。所以，现阶段暂时保持项目的人数和工期不变，先由你对项目的工作范围进行调整。希望你在这个过程中逐渐独立起来，掌握领导者必备的管理能力。"

　　为了赢得团队成员的信任，务必清晰地表述判断依据，这样能有效积累个人信誉。

为了做出正确的判断，领导者需要提高"晶体智力"

　　前文讲述了如何做出一个妥善的判断：筛选出解决方案的备

选项，设置合理的判断基准，排列执行方案的先后次序。该流程涉及一系列极其复杂的脑力活动，那么，我们需要具备怎样的能力，才能有效地进行如此复杂的脑力活动呢？

英国心理学家雷蒙德·卡特尔[1]认为，人类智力可以分为两种类型：**流动智力和晶体智力**（如图 6-11）。流动智力指的是为适应外界环境变化而迅速进行复杂的推理和运算的能力，通常我们会形容流动智力高的人思维敏捷、天资聪慧；而晶体智力指的是在丰富的知识和阅历基础上形成的深刻地洞察事物的能力，通常我们会形容晶体智力高的人学识渊博、智慧高深。

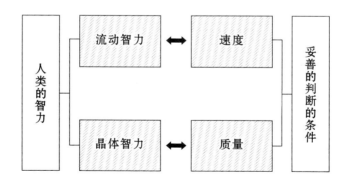

【图 6-11】人类需要调动全部的智力，做出妥善的判断

---

[1] 雷蒙德·卡特尔：心理学家，出生于英国，后定居美国。他对心理测验的研究、对个体差异的测量，以及对应用心理学的倡导，有力地推进了美国心理学的机能主义运动。他编制的"16种人格因素测验"应用十分广泛。

　　这两种智力恰好满足一个妥善的判断所必需的条件——速度和质量。负责快速处理信息的流动智力对应的是速度；凭借深刻洞察力带来正确判断的晶体智力是判断质量的基础。由此可见，妥善的判断就是一种需要全面调动人类智力的复杂的脑力活动。

　　如果我们想成为出色的领导者，那么对于我们来说，这两类智力哪个更重要呢？答案是决定判断的准确度的晶体智力。

　　判断的速度和质量哪一个更重要，取决于判断对象的层次。判断对象的层级较高，如企业的使命或愿景，那么判断结果对企业的影响将持续五到十年。判断结果的影响越深远，就越需要深谋远虑，以便做出正确的判断，而不是急于在一两天内仓促决定。反之，如果只是规划眼前的小事，比如当天的事项安排，那我们需要当场做出安排，避免耽误工作进度（如图 6-12）。

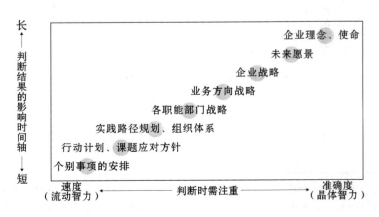

【图 6-12】判断结果的影响越持久，准确度就越重要

随着你日后在公司管理层步步晋升，判断的层次也会随之上升。这时我们需要做的不是浅薄的、草率的判断，而是深刻洞悉未来的慎重的判断。因此，今后我们要持续提升赋予我们卓越洞察力的晶体智力。

听大多数人的声音，自己一个人做决定

最终拍板做出判断，并承担一切后果的，只有领导者一人。

尽管很残酷，但这是决策的固定原则。

领导者当然应该广泛听取群众的声音，采纳他人的意见，这样可以弥补自己的盲区，纠正自己潜意识当中的偏见。此外，外界肯定的声音还可以增强我们对自己做出的判断的信心。有了这份信心，团队才能坚定不移地按照这一判断展开行动。

然而，若盲目追求"全体意见一致"，那么在决策的时候往往会出现以下场景，你是否也觉得很熟悉呢？

·最大公约数的判断（导致判断的质量下降）

在缺乏确定的判断基准的情况下，先收集所有人的意见，再选出大家的共通点，最后只会得出毫无新意的平庸结论。

·漫长的交涉（导致判断的速度下降）

为避免各方提出反对意见，事先到处做思想工作，反复协调各方意见，为寻求折中方案而浪费大量时间和精力在空洞的内耗上。

倾听是一种美德。然而，广泛搜罗意见并不意味着就能做出一个好的决策。**从本质上讲，决策就是综合思维**。将前提、限制条件与各种观点和意见放在一起进行综合考量，最终得出一个结论。这种综合考量的过程，只能由领导者独自思索。判断这一行为意味着我们必须接受这种深邃的孤独，身为领导者必须拥有无畏孤独的觉悟。

第 7 章

行动：不做无用功，斩获最佳成果的行动制定法

工作的成果由计划和实施共同驱动、产生。实施的关键在于，将达成目的与目标的方针细化，具体到每一个实际动作，最终落实到团队执行层。无论行动计划的蓝图描绘得多么完美，只要一线员工无法将其落到实处，那就等同于领导者失职。本章将讲述如何制定直接创造成果的行动方案，如何向团队成员传达指令。

案例研究　成立市场调研战队，如何构建落实机制

今后的时代势必复杂而多变，市场走向如何，身处时代洪流的公司该如何安身立命，是任何一家组织都不得不直面的课题。

你所在的公司针对上述课题，决定筹备一支由 CEO 直接统领的市场调研战队，此举的目的是：以中长期发展的视角，通过对

市场、同行的调研与情景分析①，为公司未来的经营方向出谋划策。活动的目标是：分四个季度，每季度发布一份《经营环境报告书》。

假设现在领导安排你来组建这支新战队。而这是你第一次执行这样的任务，这支调研战队应当承担什么样的职责，落实机制应该构建到什么程度……这些问题你都没办法向任何人求助。

你会如何划定新战队的职责，构建落实机制呢?

再怎么努力，偏离目的和目标的行动都不会带来成果

如果在工作当中遇到以下情况，想必你一定无法保持冷静吧。

- 即使不清楚工作的推进方向和目标，但还要开始干活儿；
- 只有行动起来才能推动手头的工作进度，然后渐渐沉浸在手头的事务当中；
- "我本来是为了什么做这个来着?"这个疑问在脑海中一闪而过，但现在手头的工作已经停不下来了；

---

① 情景分析法：企业从自身角度出发，通过综合分析整个行业环境甚至社会环境，评估和分析自身以及竞争对手的核心竞争力，进而制定相应决策。

· 手头的事项临近收尾，这时征询上司的意见，
上司却反问："你怎么做了这个？我想要的不是这样
的啊……"

这就是行动无法创造出结果最糟糕的一种模式。无论是制作资料这种简单的事务，还是影响公司未来发展的大规模项目，都有可能陷入这种行为模式。"怎么开发了这个技术啊""怎么就收购了这家公司呢""怎么会想到导入这套系统呢"，诸如此类的场景，你也许也会有印象吧。一旦陷入这种局面，无论你倾注了多少心血，最后结果都注定是竹篮打水一场空。

那么，我们怎样才能避免做无用功，采取直接创造成果的有效行动呢？

至此，我们已经走过了很长一段路程，让我们再次回归初心吧。为了找到目的—目标—手段的三层金字塔结构的第三层手段，我们已经逐步深化了对以手段为导向的五个基本动作的理解。认知、判断、行动作为五个基本动作的基础，我们已经逐一进行了剖析，现在进行到依据认知、判断划定优先执行方案的阶段。

在这一系列的复杂流程中，行动的地位十分重要。**行动就是将通过认知与判断推导出来的手段付诸实践的过程。**如果想让行动直接创造成果，那么行动逻辑要符合认知与判断出来的内容，

同时与目的、目标的方向保持一致。工作时可别偏离了目标与目的，否则会浪费我们有限的生命。

行动的速度和正确性决定了能否创造成果

就像做判断一样，行动的前提也是首先确保正确性。一旦采取了错误行动，那么无论付出多少努力，最后注定是徒劳无功。毫无疑问，正确的行动意味着与目的和目标保持一致的行动（如图 7-1 ）。

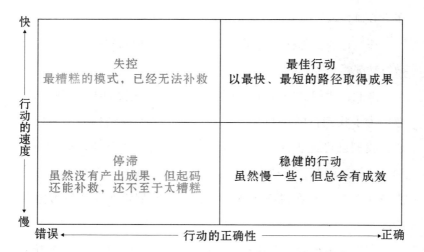

【图 7-1】行动的前提是保证正确性

此外，还有一个角度可以验证采取的行动是否有效。那就是速度。当然，如果两个人去做同一项事务，谁在更短的时间内完成，我们就会认定谁的生产力更高。比如，在更短的时间内整理好资料、一天当中拜访的客户更多、单位时间的产量更高等。放眼商业领域，毫无疑问，速度绝对是非常关键的竞争要素。

但是，这里要注意一个陷阱。

哪怕速度再快，如果从一开始行动方向就错了呢？比如，明明制造工艺有瑕疵，还拼命赶进度，将一堆粗制滥造的次品卖给消费者。这种情况相当于沿着错误的方向快马加鞭，就算想悬崖勒马也为时已晚了。

所以，在全速拼搏之前，不妨先停一下，评估行动的正确性，确认无误之后再加速向前冲。像无头苍蝇一样横冲直撞，不仅对不起团队的辛苦付出，也浪费了他们的生命，这是身为领导者的严重失职。领导者唯有冷静思考，审慎判断行动的正确性，才能做到游刃有余。

集全体成员之力，制订可行的行动规划

如前文所述，行动的有效性是由正确性与速度决定的。实际上在这里还应该再加上一个重要的角度：是否具有**可行性，即付诸实践的可能性**。不论你认为这个行动方案多么正确，向团队传

达下去之后却根本无法实行，那也毫无意义。

比如，你试着比较一下这几条工作指示：

· 你来做医疗保健市场的调研；
· 你来调查医疗保健市场的重点地区的市场走向和
竞争环境；
· 你来整理欧洲、亚洲以及北美地区的医疗保健市
场规模和增长率数据，并调查上述不同地区各自的增长
因素和制约因素。另外，收集业内的市场份额数据，总
结出行业巨头公司的基本情况，竞争优势、劣势，以及
未来的战略发展方向。

按照从上到下的顺序，指示的内容越来越详细。虽然都是下
达的指示，但是具体程度差别很大，究竟应该向成员传达多具体
的指示才合适呢？这也是一个让领导者头疼的问题。

当然，指示得越详细，团队成员处理工作时在认知上出现的
偏差就越少。但是可能会有人觉得"有必要这么详细吗"，或者
还有人完全按指令照做，直接放弃主动思考。

那么，是不是压缩一下指示内容，只说个大概就可以了呢？
当然不是的。有的人心态积极，他会想着"交给我不少工作呢，
我可得好好干"，也有的人会不满地认为"交代的事情这么繁杂，

我要怎么推进啊"。如果最终的工作结果和原本的预想成果不一样，到头来还要返工，那么这个原因很可能归结为传达指示者的失误。

那么，应该做出怎样的指示，才能让成员们顺利推进工作呢？

答案就是：**根据团队成员们的成熟度对指示内容的具体程度做出调整之后，分别传达下去**（如图 7-2 ）。上级传达的指示是否可行，取决于各位成员的自身能力。

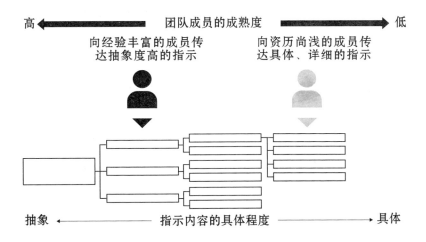

【图 7-2 】了解团队成员，根据他们的成熟度，调整指示内容的具体程度

比如对于可以自行做出判断，循序渐进开展工作的成熟员工，哪怕下达的指示稍微抽象一些，也可以放心地把工作交给他们。面对这类经验丰富的成员，如果指示交代得太细致，反而会

削弱他们的自主性，影响他们的工作表现。

另外，对于资历尚浅的成员，如果传达指示时不够细致的话，他们就会觉得这份指示缺乏可行性。向一个刚参加工作不久的新人分配任务时，有时就需要手把手地教他，比如你可以说："调研模板已经做好了，接下来你填充各项内容就可以了。"

由于成员的能力水平不同，传达指示的具体程度和细致程度也不一样。正因如此，实施方案的策划不应该是领导者自己闷头想出来的，要**深入了解作为指示接收方的团队成员各自的能力水平**。

按照目的—目标—手段的顺序传达行动内容，激发团队的行动

当领导者做出行动指示时，往往会传达两部分内容：做什么和怎么做。然而，如果只注重说明事项的流程，那么团队迟早会沦为机械执行的傀儡。也许最终完成了任务，没有出现差错，但是一个个都丧失了独立思考的能力，只会照吩咐办事，不会主动思考如何创新。长期来看，这样的团队整体表现不会太好。

那么，如果要激发大家的行动力，除了做什么和怎么做，还要向他们传递什么信息呢？本书看到这里，想必你已经觉察到了吧。那就是：为了什么。

告诉他们为了什么，团队成员就会理解自己的工作是如何创造成果的。这也为团队成员提供了一个了解自己的存在对于团队的意义的机会。了解自己存在的意义之后，大家对于工作的积极性就会明显提升。

在明白了为了什么之后，成员们就会自觉地将团队的工作视为分内事，采取积极应对的态度。比如，出现"参照目的加入了一个新的角度"这样有意识的思考，或是提出"虽然收到了××指示，但实际在推进过程中，我发现有些偏离了原本的目的，是不是可以换成××的方式来推进呢？"这样的修正方案，这些举动表明他们已经真正理解了"为了什么"的精髓。

团队成员们潜在的积极性和爆发力是不可估量的，领导者的使命就是唤醒并释放他们的潜能。因此，我们需要自己组织语言，向团队清晰透彻地传达为了什么—做什么—怎么做的完整脉络。新时代的组织会更加注重意义和价值感，如果领导者还继续发出"大致做一下那个"这种草率的指示，会让团队失去活力，甚至最终崩坏。

行动的步骤

战略的实施可以通过实践行动方案来落实。战略的重要性自不待言，但是徒有战略无异于纸上谈兵。接下来让我们一起将以达成目的和目标为导向的手段落实到具体事务当中，来分析以团队和组织为主体逐步付诸实践的过程吧。

步骤一：通过提问怎么做分解具体行动

为了让一线人员行动起来，我们需要进一步向具体行动推进。此时，我们从判断选择的执行方案出发，将认知、判断和行动接轨，提炼出与目的、目标保持一致的行动策略。

从执行方案中提炼出具体行动的方式就是：提问怎么做。这一步依然可以从纵向与横向两个维度分解执行方案，从而系统性地整理出一份行动策略。

纵向的分解，就是将行动按类细化。比如，对建立可以汇总并识别小客户共同需求的机制这个执行方案，按照纵向提问怎么做进行分解，可以细分为：

· 构建实施机制，调节人员配置；

· 设计业务内容；

· 完善辅助工具。

纵向的分解就是划分几大类不同性质的行动集合，此时可以通过回顾"本来需要怎样的应对方式"来筛选出必要的行动。

按照纵向分解筛选出同类的行动集合之后，再进行横向分解，推出具有可行性的行动。比如，对于"构建实施机制，调节人员配置"这一项，横向提问怎么做进行分解，就可以推出以下几项具体的行动举措：

·划定职能与责任；

·估算必要总工时；

·负责人的选定与分配。

可以看出，这一步已经将一开始列出的执行方案分解为可实施的具体行动了。像这样进行系统性的梳理以后，可以通过树状图的形式来展现行动的完整结构（如图 7-3 ）。

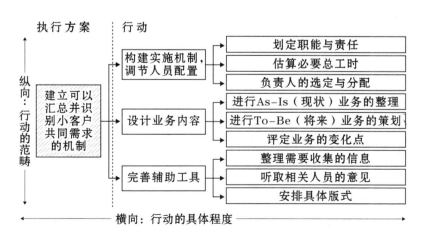

【图 7-3 】为了落实执行方案，对行动进行分解

这时，行动细分到什么程度，取决于团队全体成员的实力。依据团队人数划分为一人到多人不等。如果行动集合划分得太笼统，那就要分配更多的人手进行协作，成员之间的工作界限就会模糊不清。所以，务必将行动具体化到成员们可以完全理解自己的职责范围的精细程度为止。

步骤二：核实目的—目标—手段的三层金字塔结构之间的连续性

像这样将行动进行系统性的拆分之后，那么以达成目的与目标为导向的手段的各个要素就凑齐了。此时，先不要急着展开行动，而是先停下来，将视线拉远，确认一下在以达成目的与目标为导向的过程中，手段有没有断层。提炼实际行动这一步，可以将实施计划具体化和精细化，但是一直将注意力集中在细枝末节的话，就会失去全局观念。

在此，让我们再次回顾目的—目标—手段的三层金字塔结构。其关键在于确保前面制定的手段和目的与目标的实现是一脉相承的。换言之，当我们追问这些手段是为了什么的时候，要知道这都是为了"促进目的与目标的实现"，这就意味着手段与金字塔顶层结构紧密相连，这是创造成果的绝对条件。

像这样将手段和目的、目标整合起来，我们就能提炼出直接创造成果的行动（如图7-4）。

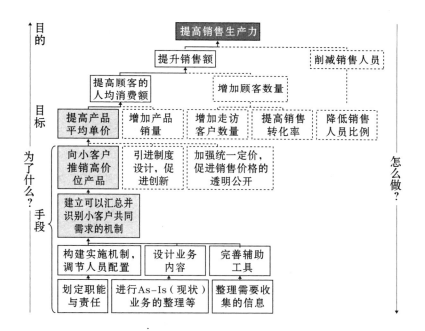

【图7-4】把握目的—目标—手段的三层金字塔结构的一致性，避免做无用功，
确保有效产出成果

　　如果在重新审视整体流程时，感觉到某环节存在阻滞，一定要
马上予以修正。一旦整体规划中还残留着无法促进目的与目标实现
的行动，就会导致团队成员在实施时白白浪费时间和精力。设计行
动流程时出现阻滞的失误，说是缺乏对整个团队的尊重都不为过。
因此，一定要保证以目的和目标为导向的行动可以畅通无阻地推进
下去。作为率领团队前行的领导者，这是我们不可推卸的责任。

步骤三：将提炼的行动整合为行动计划

行动由做什么和怎么做构成。在此基础上，配合开始与结束的时间，就可以将目前提炼出的所有行动整合为一连串的行动计划。

那么，用什么图表工具好呢？一种叫作"甘特图"[1]的计划表就很方便。制作甘特图的方法是：先将梳理好结构的行动项目按照纵向排列，再将各个行动项目按照横向的时间轴延伸（如图7–5）。

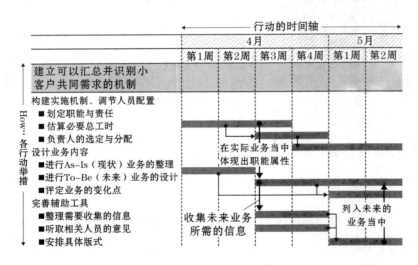

【图7–5】通过甘特图总览行动流程

---

① 甘特图：又称为横道图、条状图。通过条状图来显示项目、进度和其他时间相关的系统进展的内在关系随着时间进展的情况。以提出者亨利·劳伦斯·甘特先生的名字命名。

如上方的甘特图所示，除了各行动项目与时间轴以外，各项行动都用箭头标志串联在一起。箭头表示的是各个行动之间的依存关系，展示了先后时间关系，包括"哪一项行动应当优先执行""哪一项行动应当在完成前项后再执行"。

在本例中可以看到，将根据"划定职能与责任"制定的内容运用到"To-Be（未来）业务内容的设计"方面，并在此基础上衍生出了"整理需要收集的信息"的举动，还将为收集信息而设计的版式嵌入到"To-Be（未来）工作内容的设计"当中。

如果仅仅规定任务的完成时间，那么负责执行的团队成员就会搞不清楚从何下手。像这样将各项任务的依存关系罗列出来，就可以纵览全局，知道先从哪一步着手，紧接着下一步往什么方向推进。向团队成员传达一整套完整流程的内容，而并非孤立的单项工作任务，他们在推进实际工作的时候才会更有干劲。

步骤四：授权团队成员的行动

将做什么、怎么做、什么时候整合起来之后，行动方案就已经成形了，但还缺了画龙点睛的最后一笔——谁来做。

显而易见的是，缺少作为执行者的人的存在，计划就算定好了也无济于事。但是在实际工作中，不少决策者在谁负责做的决定上总是"打太极"。你肯定也有过这种经历，会议上将该做的事情都讨论清楚了，但没听到领导指明谁来负责，直到会议结束

184

都没有定论，于是心里一直惦记着"到底谁来做呢"。

确实不少管理者都不擅长分配工作。可能是担心员工能力不足，会把事情搞砸了。我们也经常听到"将工作推给别人做会觉得不好意思"的说法。如果是刚从业务层晋升为管理层的新任领导者，那就更容易犹豫不决了。

可是，当详细的行动步骤确定了，不分配下去的话，你难道要凡事亲力亲为吗？如果你都在忙于处理这些琐碎事务，那怎么有心力去履行更重要的使命呢？这时，你需要学会**授权**的技能。

授权意味着，为了更好地创造成果，将工作交代给别人，连同裁夺的权限一起让渡给对方。将工作交给他人，不是在欺负别人，反而是有利于团队成员的工作方法。因为通过授权（分配工作），可以创造出以下价值：

　　·接受委派工作的成员会将其视作分内事，更积极地完成任务；
　　·发挥自主思考的作用，锻炼自行解决问题的能力；
　　·成员产生"上司将工作交给我"这种被信任的感觉，有利于建立信任关系；
　　·领导者可以腾出时间去处理更复杂的工作（日后的计划、意外事件处理、风险防范对策等）。

尽管有上述这些好处，但你还是想着"还不如我自己动手更快"的话，就会不知不觉地抢下属的活儿来干。每当你冒出这种想法的时候，不妨回想一下这则非洲谚语：一个人走得更快，但一群人走得更远。

你希望得到的成果，不是眼前的一亩三分地。如果想走得更远，就一定要学会将工作托付于他人。你的使命不是事无巨细地操心，而是让整个团队行动起来，引领大家抵达理想中的目的和目标。我们一定要时刻牢记这个使命。

案例解答

围绕目的与目标提出疑问怎么做，就可以提炼出具体的行动。这就是给负责实施行动的人员分配具体职责的过程。

根据上述思路，我们就可以定义本次案例分析中由 CEO 直接部署市场调研战队的职责所在。希望各位在这个过程中体会到，即便是面对一项完全陌生的任务，只要以目的与目标为中心，专心致志地逐步深化我们的思考，事情就会迎刃而解。

让我们先整理一下要求，本次的课题是两项内容：一是市场调研战队应当承担什么样的职责，二是构建怎样的落实机制。

课题的基本思路是，如果确定第一点"市场调研战队应当承担什么样的职责"，那么就可以预估完成该项事务需要多少总工

186

时。在此基础上，可以进一步确定需要什么样的落实机制。接下来就按照这个流程进行分析吧。

那么，我们先来定义市场调研战队的职责所在。首先还是要先核实我们是否遵循原本设定好的目的和目标，也就是下列内容：

· 目的：以中长期发展的视角，通过对市场、同行的调研与情景分析，为指明公司的经营方向出谋划策。

· 目标：分四个季度，每季度发布一份《经营环境报告书》。

以上述目的和目标为出发点思考怎么做，就可以提炼出具体的职责。顺着与市场调研相关的一系列流程整理思路，可以提炼出以下职责：

· Plan（计划）：制作调研计划；

· Input（输入）：收集信息；

· Process（过程）：分析、制作报告书；

· Output（输出）：发布信息、协商。

像这样将职责进行大致的分类，再进一步追问怎么做，我们可以提炼出更加具体的行动（如图 7-6）。

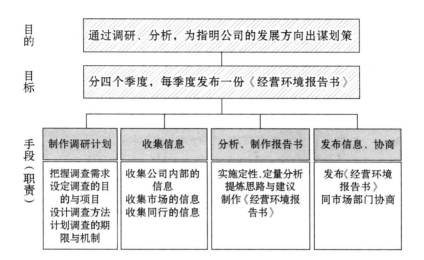

【图 7-6】从目的和目标中可以提炼出组织的职责

　　将行动梳理到如此细致的程度之后，就可以推算出各项事务需要配备的人员数量。由于制作调研计划需要高度的判断能力，所以这一项事务就由领导者来承担吧。关于收集信息的任务，预计需要分别收集公司内部、市场和同行的信息。随着调查推进的深入，工作量也会越来越大，保险起见，三个方面的信息收集分别配备一名成员，并由他们兼任后期分析与制作报告书的工作。最后，为了自行组织语言向业务层准确传达信息并进行意见协商，需要领导者承担这部分工作。上述内容合并之后的结果是：在构建落实机制的初始阶段，含领导本人在内，一共需要四人。

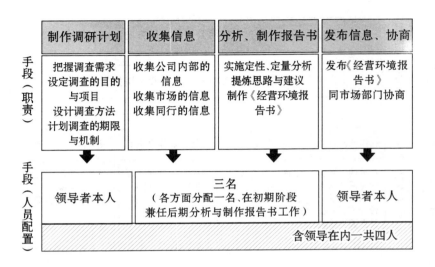

制作调研计划	收集信息	分析、制作报告书	发布信息、协商
把握调查需求 设定调查的目的 与项目 设计调查方法 计划调查的期限 与机制	收集公司内部的 信息 收集市场的信息 收集同行的信息	实施定性、定量分析 提炼思路与建议 制作《经营环境报 告书》	发布《经营环境报 告书》 同市场部门协商

手段（职责）

手段（人员配置）

领导者本人	三名 （各方面分配一名、在初期阶段 兼任后期分析与制作报告书工作）	领导者本人

含领导在内一共四人

【图 7-7】从组织的职责分析应当构建怎样的机制

　　以目的和目标为中心深入剖析手段，就可以筛选出具体应当承担的职责与行动（如图 7-7）。由此可以设计出为达成目的和目标所需的落实机制，并推算出所需的人员数量。

　　在此我想强调的是，**组织要符合目的和目标的方向**。组织本来就是为了达成目的和目标而设置出来的。所以，组织作为达成目的和目标的手段，在设计组织结构时，务必确保与目的和目标保持一致。所以，希望各位在本案例中可以学会这一点，目的—目标—手段的三层金字塔结构不仅限于筹备实施计划时，设计落实机制时也要注意与之保持一致。

事半功倍的秘诀：行动向目的与目标聚焦

至此，我们已经学会了将手段分解成具体行动、向团队传达信息的技巧。在结束这个话题之际，我想再次强调行动的正确性。

如今这个瞬息万变的时代，弥漫着一种无视极限和上限、人人追求"多一点"和"快一点"的风气。可能你也会因为周围人都这么想，于是不得不加快速度，被不加快速度往前冲就会被淘汰这种自我强迫式的观念推着走。在逐步推进劳务形态改革、创造共同价值和环境、社会和公司治理的当今社会，资本主义崇尚的资本积累，提高效率思想依然不绝于耳。

其实，步调慢一些问题也不大。**真正应该担心的，是在漫无目的与毫无目标的状态下加快速度向前冲，盲目投入到无法创造成果的工作当中，浪费人生有限的时间。**

在自己要去往何方都没搞清楚的时候，就念叨着"不加快速度往前冲就会被淘汰"，于是忙于完成眼前的工作，这样仅仅节约了确认目的与目标所需的那一丁点儿时间。如果只是一项简单的工作任务，在开始工作前，花五分钟回顾一下还是可以做到的吧（如图 7-8）。

如果就因为节省了五分钟，导致行动偏离焦点，努力工作一周之后，迎来的却是"我要的可不是这些啊"的全盘否定，你会是什么感想呢？所以我们要意识到：**暂停手头的工作，核实目的花费的区区五分钟会对工作的全局产生的影响**。为了采取准确的行动，核实关键节点与行进方向花费的五分钟时间，可谓一份高杠杆的时间，因为它会影响后续一系列成果的实现。

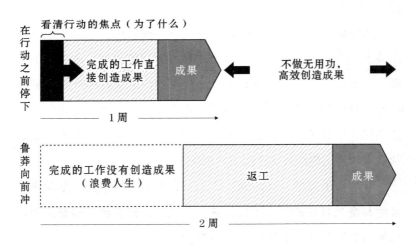

【图7-8】为了看清行动的焦点，有必要暂停一下

采取的行动要对焦目的与目标。不同于掌握计算机快捷键的技术性操作的优化，行动是否正确造成的影响举足轻重。所以，为了避免团队做无用功，我们必须要求自己怀着敏锐的目的与目标意识，仔细斟酌，选取正确的行动方法。让团队的行动直接创造成果，团队成员的履历也会因此更加丰富，这些都是作为领导者的你亲手缔造的美好结局。

第8章

预测：未雨绸缪的风险预测法

至此，我们已经逐步分析了基本动作的根基认知、判断、行动三个步骤，聚焦当下发生的问题，谋求解决方法。

接下来我们要探究的预测，不同于认知、判断、行动，我们将从另一条时间轴出发，探究问题所在。预测指的是预知未来可能会发生的问题，并率先做好预案。着眼于未来，扩大问题解决范围，这样我们就能更高效地达成目的和目标。本章可以称为问题解决的应用篇，接下来我将向各位介绍面向未来的技巧。

案例研究 为新员工的初次实战采取预案

假设你现在担任总监一职，手下有三名下属，你们正在制订下一年度的业务计划。其中一名下属是今年4月份刚入职的新人，名叫中村。从新员工培训期结束到现在，只有几个月的工作经验，还处于跟在老员工身边见习的阶段，但是，眼下快到提交业务计划报告的最终期限了，可是平日制作报告的这几个人实在忙不过来。因此，你决定将其中一项工作交给中村。

你希望中村来负责整理本业务部门的产品销售数据和利润数据，并绘制一张由增长率和利润率构成的平面矩阵图。制作这份资料的目的是为下一年度的经营决策提供参考，包括决定重点扶持和强化哪个产品。考虑到报告提交的截止日期将近，他需要在三天内完成这份资料。

将如此重要、紧急的工作交给还没有上手的新人，不难想象这个过程中一定会状况百出。因此，为了让中村最大限度地发挥自己的实力，你需要推断他可能会遇到什么挫折，并想好预案。

中村究竟会面临怎样的问题呢？

针对这些问题，他可以做哪些事前准备呢？

未雨绸缪是解决问题的秘诀

如果有人问我最高效的问题解决方式是什么，我一定会回答"不让问题发生"。这么说的依据是，一旦问题浮出水面，就会出现多米诺骨牌效应，负面影响不断升级，引发次生灾害，甚至多重灾害，到那时解决问题的代价就很沉重了。

推断哪些问题会对目的和目标的实现构成潜在威胁，事先做

好预案——这就是预测。

为什么预测如此重要呢？

因为我们都默认"问题会越拖越严重"这个基本事实（如图 8-1 ）。

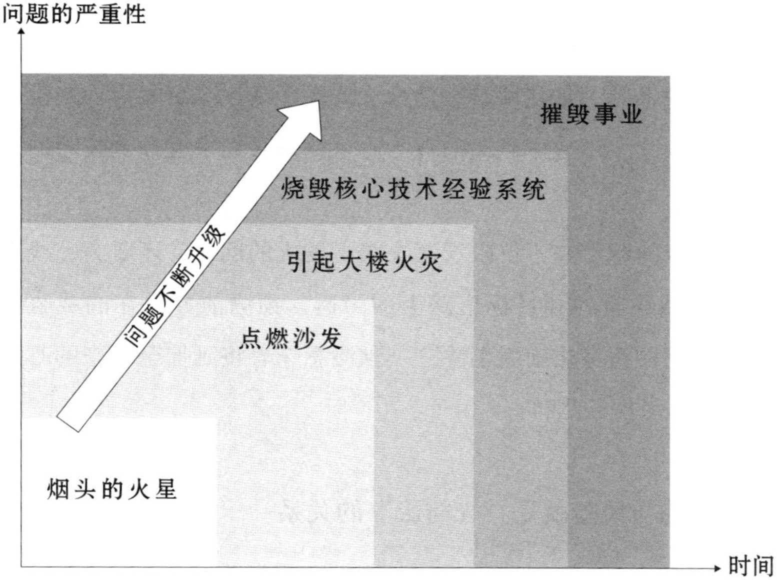

问题的严重性

【图 8-1 】重大问题从苗头开始掐断

当问题只是处于有点苗头的阶段，还不至于造成什么后果，就像烟灰缸里的火星，只要动手掐灭就好。一个掐断苗头的简单动作，就能轻松化解可能演变为严重问题的风险。

但是，如果放任不管这个苗头会怎么样呢？这个苗头就会不断向四周蔓延，最终升级为严重的问题。烟头的火星会点燃沙发，继而引起整栋大楼火灾，传承至今的核心技术经验系统也可能被烧毁殆尽，最终导致事业难以为继。到了这个地步，问题已经不再是动动手指就能轻松解决的程度了。

解决问题的秘诀在于：趁问题还没有萌芽就开始处理。这样就可以毫不费力地化解潜在的重大问题。从这个意义层面来说，预测是一个生产效率极高的行为。这就是我们掌握预测技巧的意义所在。

领导的职责并不仅限于解决眼下发生的问题，还要为一线人员清除通往目的和目标道路上的障碍，预测前方潜在的威胁因素，在问题萌芽之前就消除它。预测意味着将延伸至未来的时间跨度纳入考虑的范畴。

目的与风险就是"光与影"的关系

未来可能发生的潜在问题、威胁因素应该被称作什么呢？那就是风险。如何解读风险，是预测最重要的部分。所以，我们需要先了解风险产生的原理。

风险是如何产生的呢？

可以参考国际标准化组织（ISO）发布的风险管理术语表中对

风险的定义："不确定性对目的的影响。"

目的这个词出现在风险的定义当中，我们可以理解为风险会对目的造成影响，阻碍目的的实现。因此，**追逐目的的过程险象环生**。

这是什么意思呢？比如，一粒纽扣电池掉到了地板上，对你来说算是风险吗？只需将一粒小小的纽扣电池捡起来放好而已，似乎不算什么严重的威胁。

但是，如果你的目的是抚养孩子健康成长呢？从这个目的出发，这粒纽扣电池立刻转化成了风险，因为孩子误食它会危害身体健康。

正是因为有了希望孩子健康成长的目的，所以寻常小事也可能转化为风险。

反之，如果不存在上述目的，那么掉了一粒纽扣电池这件小事就不会构成什么严重的危险。听起来或许有点讽刺，但确实是有了目的才会有风险。成就一番伟业之所以如此艰难，是因为志向越是远大，阻碍它实现的风险就越大。如果说目的是照亮未来的"光"，那么风险就是阻碍目的实现的"影"。**目的和风险就像"光和影"一样密不可分**。这就是我们所处的这个世界的残忍真相。因此，既然本书以目的为主题，那么就绕不开风险这个话题。

目的—手段—风险的结构

前面提到风险会对目的造成影响。那么，我们需要想办法保护目的不受风险的干扰。为此，风险是通过怎样的路径对目的造成影响的呢？我们需要深入拆解其中的原理。当我们无限接近事物的本质时，那我们获得的就不再是治标之技，而是真正的治本之策。

其实，这个路径我们早就见过了——目的—目标—手段的三层金字塔结构。达成目的是通过沿着手段—目标—目的的上行运动实现的。以此作为因果关系，那么下层的手段就相当于支撑目的和目标实现的根本原因。

因此，风险附着于手段这一根本原因，不断蚕食我们达成目的和目标的进程。一旦因为风险的存在，手段无法成行，那么目标、目的的实现也会随之受到阻碍。

以日常生活为例，比如你的目的是离开平时生活的地方，到外地的景点悠闲地游览。为了保证充分的游览时间，于是计划早上九点前到达目的地，这是你的目标；选择开车前往目的地，这是你的手段。

这时，围绕开车前往的手段，瞬间就面临着多项风险的暴发：燃油不足、爆胎、道路施工导致封路、交通事故导致车辆损坏。这些都是围绕着车这个移动手段发生的风险，紧接着一旦发生就会影响早上九点前到达目的地的目标，最终威胁到悠闲地游览这一目的（如图 8-2）。

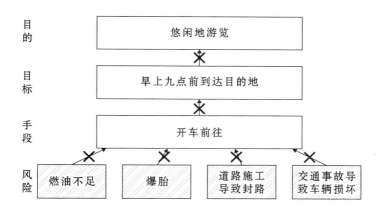

【图 8-2】风险附着于手段，威胁目的和目标的实现

像这样，**风险随目的产生，借手段暴发，最终影响目的和目标的实现**。这就是风险产生并造成影响的原理。

于是，我们可以明白一点：如果要预判风险，那就从支撑目的的手段着手。当我们问"有什么风险"的问题时，其实不算一个有效提问。这么含糊的提问方式，无法得出确切的结果，对于预判风险来说，只会模糊问题的焦点。正确的提问方式应该是这样的：

"对于 ×× 目的、手段的风险是什么？"

当我们想着风险产生和造成影响的原理，就能更深刻地理解该提问的意义。

风险的影响力由威胁程度和脆弱程度决定

　　然而，是不是每发现一个风险都要排除呢？对所有的风险斩草除根，当然是最理想的状态，但是从现实的商业角度来看，可分配的经营资源是有限的，所以不会采取这种做法。那么，就像聚焦亟待解决的问题那样，我们需要对风险做出优先或延后处理的排序。

　　那么，我们应该如何判别应对风险的优先顺序呢？

　　最重要的标准是对目的和目标的**影响力**的大小。如果某种风险的发生会严重损害目的和目标的实现，那么处理这种风险的优先级就更高。这里的思路和第 5 章提到的影响力是一样的。

　　不过，为了衡量风险的影响力，还要引入另一个独特的角度，那就是**承担者的脆弱程度**。

　　这是什么意思呢？接下来举一个例子帮助各位理解吧。

　　比如，有一种病毒入侵电脑之后会删除所有的数据，并且这些数据再也无法复原。从感染之后会彻底删除电脑的记录这一点来看，这种病毒的破坏力确实很强。

　　但是，仅凭这一点还不能说明这种电脑病毒的影响力一定会很大。因为还没有将风险承担者的脆弱程度考虑进来。于是，可以通过对电脑的程序升级来预防病毒感染，也就是说，如果可以消除电脑自身防护的脆弱特性，那么病毒对电脑产生的影响力就会降低。

但是我们要注意与之相反的一种情况，也就是虽然风险的威胁程度看起来很低，但是风险承担者非常脆弱的情况。比如，牙签不会对成年人构成威胁，但是对于什么都爱往嘴里塞的婴儿来说，却有可能引发严重的后果。**风险的影响力不仅仅是由风险本身的威胁程度决定的，还要考虑风险承担者的脆弱程度（或者说坚韧性），一定要综合这两个角度来评估风险**（如图8-3 ）。

【图8-3】风险承担者的脆弱程度不同，风险带来的实际影响也不同

此外，仅凭影响力这一项标准是无法判定风险的优先级的。"陨石群撞击公司大楼"确实是一个威胁程度很高的事件，在这种情况下，我们脆弱至极。但是，我们也不会耗费大量经营资源去采取任何对策。为什么呢？这就涉及评估风险的另一项标准了。关于这一点，我将在接下来的步骤中展开说明。

实践预测的步骤

预测是对目前尚未发生的未来问题进行解读。由于不是当前发生的问题，探讨起来总会感觉缺乏说服力，所以有必要参照一定的模式引导思考方向。让我们一起来解读风险，看看制定对策都有哪些步骤吧。

步骤一：整理达成目的和目标所需的手段

我们是很难两手空空地去捕捉从未发生过的问题的。要想把握风险，首先要找到头绪。正如前文提及的：风险依附于手段，对目的和目标造成影响。换个角度来说，手段就是我们识别风险的头绪。

我们应该如何筛选这些手段呢？前文已经叙述了目的—目标—手段的三层金字塔结构和认知、判断、行动的技巧，为了避免重复，此处不再赘述。在此，我要向各位介绍一种不同于金字塔结构思维的方法。

它的关键词是**流程**。整理以达成目的和目标为导向的一系列行动流程，其中的每一项行动都可以视作为目的和目标服务的手段。比如，根据向部长汇报调研结果，征求是否继续开展新业务的决策这一目的，就可以设计出行动流程（如图 8-4 ）。尽管这些行动各不相同，但都可以被视为达成目的所必需的手段。

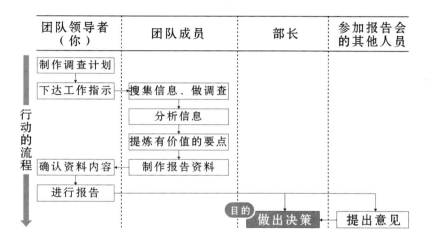

【图 8-4】根据流程选定行动，识别风险的出处

　　在设计这样的流程时，关键在于在脑海中有条理地梳理一遍从起点到终点之间的过程，确保从始至终顺畅无阻。不容忽视的是，选定的各种行动既是达成目的和目标的手段，也可能是风险寄居的温床。所以一旦漏掉了某一个环节的行动，也就意味着失去了探讨与之对应的风险的机会。

　　无论是按照金字塔结构思维，还是按照流程思维进行整理，终究是为了找到理清风险的头绪。为了在探讨风险的时候不至于脱离现实，所以不能直接探讨有什么风险，而是要先整理发生风险的出处。

步骤二：根据手段识别风险

经过步骤一对发生风险的出处整理完毕之后，接下来就是规划出具体有什么风险。这一步需要从 ××（**手段**）**会产生什么风险**的角度出发（如图 8-5）。

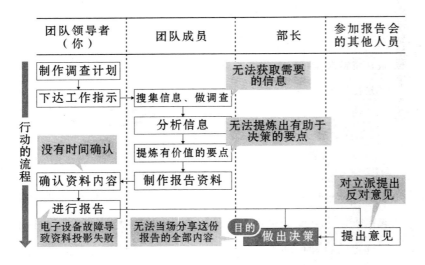

【图 8-5】根据以达成目的为导向的手段来识别风险

我们来看刚才的例子。为向部长征求是否继续开展新业务的决策而设计的全部流程都已经罗列在步骤一中了。为了从中识别出各种风险，需要关注每一个行动，思考未来是否存在阻碍这些行动的威胁因素。

比如，当执行搜集信息、做调查的行动时，可能没有完全搜集到分析所需的信息，以及在提炼有价值的要点时，以目前团队成员的实力可能无法提出打动管理层的提议。另外，在报告会上，除部长以外的其他与会者在提意见时，可能会给出一些负面评价，阻碍部长认可你的提案。按照上述步骤，以各项行动为出发点，将能够考虑到的风险列出即可。

如何才能确保锁定风险时不会出现遗漏呢？

因为风险关乎不确定的未来，所以在识别风险的过程中，我们需要运用推理能力和想象力，无限靠近未来。当然仅凭一个人的力量是很难将所有的风险都一网打尽的，所以，我们可以通过以下方法来查缺补漏：

· 引入来自他人的不同视角和看法

让知识和经验丰富的专家、跟自己专业或职责不同的人士参与进来，围绕风险话题以采访、问卷调查等形式收集不同角度的看法。

· 参考前人的真知灼见

留意公司内部和同行企业有没有关于风险案例的书面资料，或者参考第三方机构发行的风险评估、相关的文件和公开报告。

风险出现在当前尚未发生的问题上，因为缺乏真实感，我们思考起来会异常困难。但是，只要将作为出发点的手段确定下来，参照他人的思维角度和前人的真知灼见，我们就能有条不紊地识别各种风险。

步骤三：用风险矩阵图 [1] 划定应当重点处理的风险项目

识别出来的各种风险，每一个都要着手应对吗？在实际工作中，经营资源总是有限的，因此答案是否定的。所以，我们需要评估风险的优先级，确定某项风险应该优先处理还是延后处理。

那么，应该按照什么样的标准评估风险的优先级呢？

风险评估有两项标准，一项是前面提到过的影响力。那么，另一项标准是什么呢？

答案是风险发生的可能性，也可以说是风险的发生概率。如果你注意到一项风险，并确信它未来一定会发生，那么这项风险自然应该优先处理。反之，如果一项风险虽然影响力大，但发生的概率极低，那我们可以选择不做任何处理。之所以在商业层面不考虑应对被陨石群击中的风险，是因为花在低概率事件上的投入与回报不成正比。

那我们在实际工作中应该如何评估风险的发生概率呢？

---

[1] 风险矩阵图：风险矩阵法使用过程中所参照的图表，风险矩阵法是一种综合危险发生的可能性和伤害的严重程度评估风险大小的定性的风险评估分析方法，作为一种风险可视化的工具，主要用于风险评估领域。

关于这个问题，以下两项为评估概率的基本思维：

客观概率：依据数学理论和统计数据计算得出的概率。比如掷硬币出现正面的概率、降水概率、出现次品的概率。

主观概率：根据人的主观判断和经验而设定的概率。比如对心仪的异性表白成功的概率、方案获得部长批准的概率、新业务成功的概率。

如果可以客观地算出风险发生的概率，那当然再好不过了。但是，搜集到计算所需的全部数据，并集齐完成计算的全部硬件设施的情况几乎是不可能的。实际上，没有人会知道风险发生的可能性，即其真正的概率是多少。

然而，这正是考验组织判断能力的时候，也是各自实力见分晓的时候。美国航空航天局当年实施航天飞机发射计划时，还没有发射航天飞机的相关数据，据说为了设定机体的破损概率，召集了一批内部和外部的专业人士，根据他们的主观推算，最后给出了概率。希望各位在此知悉：**正因为我们不可能掌握所有的信息，所以有时必须做出主观决策，毕竟判断的本质根植于人的主观意识。**

所以，让我们大胆地运用主观概率来做出判断吧。

在实际工作中估算风险发生概率时：

按发生次数：几次会发生一次呢？

按发生时间：几年会发生几次呢？

按发生可能性：发生的可能性有多大呢？

根据这三个角度，我们就可以按照"从高到低"的标准提前设定风险的发生概率（如图 8-6）。

制定主观概率的标准

	按发生次数	按发生时间	按发生可能性
高	几乎每次都会发生	每月发生一次	肯定会发生，或者发生的可能性很高
中	每两次发生一次	半年发生一次	发生的可能性有五成
低	每十次最多发生一次	每年最多发生一次	发生的可能性很小，或几乎不可能发生

发生概率 ↑↓

【图 8-6】先制定主观概率的标准，更容易统一意见

正因为采用主观概率很容易产生意见分歧，所以提前设定统一标准很重要。在我们说出"某项风险的发生概率很高"时，有的人可能觉得，只要达到 30% 就很高了，而有的人可能觉得 80% 以上才算高。通过统一标准消除认知偏差之后，才能更顺利地推进大家对发生概率的统一认识。

设定好影响力和发生概率两项标准，就能制成一张**风险矩阵图**（如图 8-7）。将风险展示在平面上之后，我们就能清晰地看

到哪一项风险应该优先处理，从而做出判断——对投资回报率高
的风险优先分配经营资源。

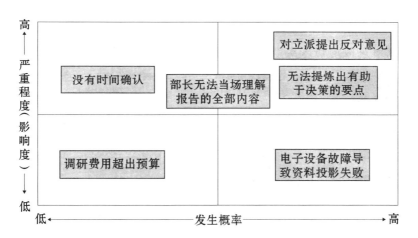

【图 8-7】按照影响力和发生概率公式，有序排列应当处理的风险

步骤四：制定应对风险的对策

当我们排列好应当处理的风险后，就要考虑提前采取什么样
的对策。在考虑风险对策时，**缓解、规避、转移、接受**这四个切
入点可以派上用场。

这四个切入点中，"接受"跟其他三者稍显不同（如图 8-8 ）。
其他三者都是直接处理风险，直白地说"接受"就是现在不做
任何处理。对于某些风险，即便分配经营资源去处理，最后的投

资回报率也是很低的。另外，与艰难地处理某些风险相比，有时什么都不做反而会取得更高收益。对于此种情况，至少从当时来看，"接受"确实是合理的。

应对风险的切入点　　　　　　　　**应对案例**

缓解	减小风险的发生概率 降低风险实际发生时的影响	接种预防传染病的疫苗 备份数据
规避	不让风险产生 就算风险已经产生，确保不受影响	终止开发新业务 将新址设在不受海啸影响的区域
转移	让更多人成为风险承担者，分散风险 让第三方承担风险	参加保险 将业务委托转移给外部
接受	不采取什么特别的对策，承受风险	接受风险的好处更大，所以选择接受 投入与回报不成正比，所以不采取措施

【图 8-8】应对风险的四个切入点

以刚才案例中识别出来的风险为例，让我们用上述方法来思考对策吧。考虑正面迎击风险时，如何从缓解、规避、转移这三个切入点入手，提前化解风险（如图 8-9）。

处理风险的切入点		应当优先处理的风险项目		
		对立派提出反对意见	无法提炼出有利于决策的要点	部长无法当场理解报告的全部内容
	缓解	事先跟相关与会者交涉	及时对成员提出反馈与建议	提前三天将资料和确认事项一起发送给部长
	规避	和部长一对一讨论，征询部长的决策意见	自行思考要点，而不是丢给团队成员	取消向部长报告的会议
	转移	扩大支持该业务提案的阵营	委托咨询公司	向有话语权和影响力的人士寻求意见

【图 8-9】以缓解、规避、转移为切入点，提前化解风险

比如，针对对立派提出的反对意见采取缓解的办法，可以事先跟相关与会者交涉，降低他们在会上提出反对意见的可能性。另外，设置一场和部长一对一讨论的报告会议，也是规避反对意见的一种方式。再者，当我们扩大支持者阵营时，那么提出反对意见的风险就转移了。

其他的风险也可以参照上述切入点，那么规划具体对策的时候就会轻松多了。

应对风险意味着化解在目的和目标实现过程中的风险。换言之，就是提高工作的适应力，即对意外状况的调整能力。领导的

职责不是整天忙于应付眼前的事情，而是将目光放长远一些，关注未来可能会发生的问题。在不确定性中构建出强韧的组织形态，才是一名杰出的领导者应该肩负的使命。

案例解答

让我们将这些预测技巧运用于开头的案例中吧。当中村在制订业务计划时，我们应该如何识别风险，并考虑好预案呢？

前文我们提到过，风险随目的而产生，根据以达成目的为导向的手段来识别。按照这个思路，那么中村的第一步是将完成资料所需的全部手段整理出来。具体而言，就是将步骤写出来。只要将这些步骤顺畅无阻地推进下去，就可以完成资料制作，顺利达成目标了。

· 划定目标产品的范围；

· 按品类分别搜集增长率和利润率数据；

· 用 Excel 将数据图表化；

· 将报告资料整理成幻灯片。

风险一般都是以"根据 × × 产生的风险"的形式出现。在本案例中，这里 × × 对应的是以上四个步骤。因此，只要考虑阻碍这四个步骤完成的风险要素是什么就可以了。风险的威胁程度是由风险承担者的脆弱程度决定的，所以这里的关键是联想出从职场新人中村的角度出发而产生的风险。

也许中村不知道如何从公司内网的哪个入口搜集数据。或者听到搜集"利润率"的指令时，由于利润率分很多种，包括销售利润率[①]（毛利润率）、利润贡献率[②]、营业利润率[③]等，所以中村最终可能选错了利润数据。按照上述各个手段（步骤）对于当事者的潜在风险的思考方式，我们就可以逐一识别出这些风险（如图 8-10 ）。

识别出各种风险之后，我们就可以开始构思具体的对策了。思考风险对策时的四个切入点是缓解、规避、转移、接受。对需要处理的风险选择缓解、规避、转移这三个切入点，而对影响力和发生可能性小的风险就采取接受的态度。

[①] 销售利润率：一定时期的产品销售利润对产品销售收入的比率。这个指标与成本利润率具有相同作用，在实际工作中，也可用来测算计划利润额。销售利润率 = 利润总额 / 营业收入 ×100%。

[②] 利润贡献率：分析利润贡献的一个指标。它是指有效或有用成果数量与资源消耗及占用量之比，即产出量与投入量之比，或所得量与所费量之比。计算公式：贡献率（%）= 贡献量（产出量，所得量）/ 投入量（消耗量，占用量）×100%。

[③] 营业利润率：指经营所得的营业利润占销货净额的百分比，或占投入资本额的百分比。营业利润率 = 营业利润 / 全部业务收入 ×100%。

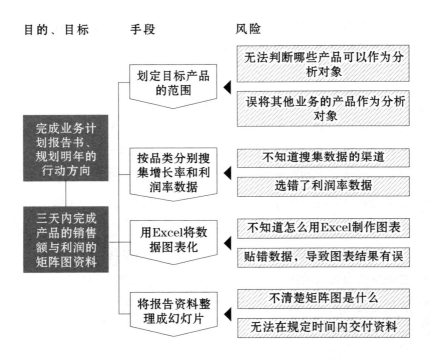

【图 8-10】根据当事者的能力（脆弱程度）识别各种风险

　　尤其此次制作的是关系下一年度业务方向性问题的重要报告，还有严格的提交期限，所以数据分析绝对不能出错，也不允许耽搁完成进度。如此一来，需要优先处理的风险项就一目了然了（如图 8-11）。那么相应地应该优先采取提前共享数据库的链接、请求上一级负责人对数据进行二次核对之类的对策。而且当提交期快到时，领导者本人也要亲自上阵分担一些事项。

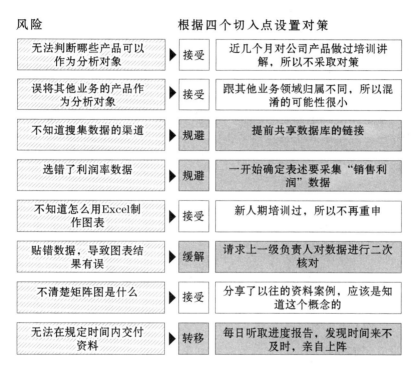

风险		根据四个切入点设置对策
无法判断哪些产品可以作为分析对象	接受	近几个月对公司产品做过培训讲解，所以不采取对策
误将其他业务的产品作为分析对象	接受	跟其他业务领域归属不同，所以混淆的可能性很小
不知道搜集数据的渠道	规避	提前共享数据库的链接
选错了利润率数据	规避	一开始确定表述要采集"销售利润"数据
不知道怎么用Excel制作图表	接受	新人期培训过，所以不再重申
贴错数据，导致图表结果有误	缓解	请求上一级负责人对数据进行二次核对
不清楚矩阵图是什么	接受	分享了以往的资料案例，应该是知道这个概念的
无法在规定时间内交付资料	转移	每日听取进度报告，发现时间来不及时，亲自上阵

【图 8-11】优先采取对策处理影响程度大的风险

像这样事先采取对策的意义在于，趁问题还没有真正发生时，先掐断苗头，那么未来就不需要耗费大量精力来弥补。如果数据贴错了，那么全体成员还要一起回头核查有没有因此导致其他地方产生错误。这还不算严重，万一根据错误数据做出了经营决策，因此造成损失，那么为了挽回这一损失而耗费的人力成本将是不可估量的。与之相比，"对数据进行二次核对"这个动作消耗的精力简直是九牛一毛。

如果可以防患于未然，那么只要付出一点儿精力就可以化解潜在的重大问题。预判风险和筹备对策做得越到位，团队的适应力就会越高，这样就会形成一个可以抵御任何艰难险阻的强韧团队。让新人参与到实际项目当中，培养他们的实战能力，这是考验领导者能力的时候。

做最坏的打算，抱最好的希望

没有人喜欢设想不好的境况，谁都希望诸事顺利，不出意外。

但是盲目乐观会让我们忽视一些本应及时处理的风险，或是没有引起足够的重视，等到风险真正发生时，就会被动地遭受重创。人们之所以会下意识地认为"别人怎么样不知道，但倒霉的肯定不会是我"，是因为人类的天性，一种被称为**乐观偏见**[①]的心态。

---

① 乐观偏见：神经系统科学家、英国伦敦大学学院教授塔利·沙罗特把以下思维定式称为"乐观偏见"：人类其实更倾向于乐观地看待未来，例如期待事情会变得更好，高估自己的寿命，低估离婚、失业和患癌症的可能性，认为自家孩子比同龄人更有才华。

我们看待任何事物都天然带有偏见，我们要承认这一点，并且有意识地修正自己的认知。在识别风险时，我们要消除因不愿看到糟糕的事情而产生的逃避情绪，保持冷静，客观公允地找出可能构成威胁的因素，最好适当夹杂一些悲观情绪。

但是，也不要一直悲观。如果整天考虑的都是消极的事情，我们就会陷入无止境的风险局面中无法自拔。更何况，如果领导者每天都愁眉苦脸，那么成员们的斗志自然会被磨灭。当完成风险预估以后，我们可以立即转换成乐观心态，对未来怀揣最乐观的想象，激发团队的勇气。

这个举动印证了从古至今的一种智慧，可将其总结为：做最坏的打算，抱最好的希望。

要冷眼洞穿艰难困境，并热切期待美好未来。我们要常怀这两种心态，让两者在心中和谐共存，而且根据不同情况，自如切换。由此，领导者才能守护团队走向未来，激发团队勇气引领他们走向成功。

我们希望自己能成为这样胸怀宽广、层次丰富的领导者。

第 9 章

学习：根据已知探索未知的杠杆效应学习法

继认知、判断、行动、预测之后，本章终于讲到了五项基本动作中的最后一项。

"学习"在这五项基本动作中处于一个特别的位置，其他几项动作都是在锁定问题以后寻求解决方式，而学习关注的是如何改进前几项基本动作。"学习"是促进工作成效最大化的关键环节，让我们在这一章一探究竟吧。

案例研究　第一次带下属，该如何培养

因为之前的工作表现得到了上级的肯定，你最近被提拔为部门中一个小团队的管理者，公司下周将会给你配备两名由你直接管理的下属。

虽然这次分配给你管理的两名下属没有什么工作经验，但随

着他们今后不断进步，来日一定会成为你工作上的得力助手。当下属的能力被培养起来，可以独当一面的时候，自然就能承担更多新工作了。不管怎么说，他们是你职业生涯史上带的第一批下属，你也有意好好培养他们。

同时，这也是你第一次走上管理层，因为还没有带领和培养下属的经验，所以只能在一无所知的状态下等着下周的到来。一想到没有任何准备，到时只能靠临场发挥来带这两名新下属，你就开始焦虑不安。于是，你决定静下心来打算好好思考一下，为了培养这两名下属，你需要做些什么？

怎样才能激励下属快速成长呢？

学习的本质是迁移

我们每天都在学习。

研读与工作相关的书籍，听取职场前辈的建议，浏览网上发布的创意生活的帖子，我们都能从中收获一些心得。学习究竟是为了什么呢？工作也好，日常生活也罢，毫无疑问，我们都是为了创造更美好的未来。

在这样的学习过程中，我们究竟都做了些什么呢？

简单来说，学习的本质就是迁移。将学到的技能总结成规律，举一反三，应用到新的问题上，发挥学习的杠杆效应就是学习的本质。

死记硬背，然后做到倒背如流，不是学习的本质。这甚至算不上是一种学习，只不过是一种重复罢了。学习是从具体的经验中提取出通用的普适性原则，也就是总结规律，再应用到新的场景中去解决新的问题。通过知识迁移来提升效益，这就是学习的意义。善于发挥杠杆效应的人，才称得上是学习能力强的人。

熟能生巧式学习和横向拓展式学习

学习可以分为两种形式，分别是什么呢（如图 9-1 ）？

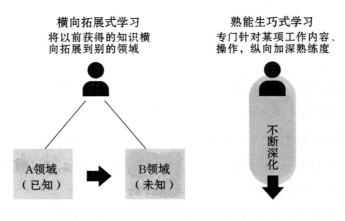

【图 9-1 】学习的两种形式

熟能生巧式学习是指针对某项工作内容、操作不断提高熟练度。你可以设想随着经验的积累，任务处理效率逐渐提升的经验曲线效应 [1]。

比如，随着参加商务谈判的次数多了，销售技巧就会提升；参加 Excel 培训，学会了函数的用法；参加英语口语课，口语表达能力有所提高。以上这些学习都是在某项特定工作内容、操作的范围内不断积累经验，从而提升相应技能的水平。

横向拓展式学习是指将在其他领域内学到的知识，迁移到你正着手攻克的新领域（发挥杠杆效应）。比如说，考察管理职位候选人时，问到"管理者的职责是什么"，也许当场做出恰当的回答有点困难。如果将开车的经验迁移到管理的话题上，说不定可以作为回答的切入点：领导者对于组织的职责，相当于一辆汽车的油门、刹车和方向盘。

对于以上两种学习方式，**领导者应该侧重掌握的是横向拓展式学习**。因为领导者面对的往往都是非常态的工作内容，比如整个组织此前都没有经手过的新课题，或者是让下属感到棘手的超出计划的突发状况等。

在熟能生巧式学习的过程中，只要每天不断精进，自然会越

---

[1] 经验曲线效应：美国波士顿咨询集团公司的亨德森于 1960 年提出，亨德森发现，在许多产业中，单位产品的生产成本与产品的累计生产量之间存在高度相关性。在一定的生产量区间中，随着累计生产量的增加，单位产品的生产成本会以一定的比率逐步降低。这种效应表示一项任务越是经常执行，执行的代价越小。

来越熟练。也就是说，哪怕不做出任何干预，只要照做，能力就会不断提升。而横向拓展式学习则不一样，需要你提前对大脑的思考机制有所了解。因此，掌握这种学习方法需要主动开启大脑的意识。

在积攒经验直至熟能生巧的方向上一往无前，这当然也是很重要的，但在处理毫无经验的新状况时，需要我们稍微转换一下思维，对已有的知识储备进行横向拓展。这不同于一个劲儿地积攒经验，接下来我将介绍的是一个全新的前进方向。

横向拓展已有知识的关键在于抽象化处理

那么，如何进行知识储备的拓展应用呢？

核心思想是：**认识到横向拓展的参照物和对象物的一致性**。

这句话是什么意思呢？为了帮助各位理解，我举一个具体事例来说明。

你知道麝雉是什么吗？这么问可能有点突然，估计大多数人都对这个事物闻所未闻吧。要是此时交代你"下周麝雉就交给你来负责了"，你肯定会一头雾水。毕竟麝雉对你来说完全是一个未知事物。

不过，这时候要是知道麝雉是一种鸟类，你会是什么反应呢？

你原本对麝雉这个物种一无所知，但是有了鸟类这个熟悉的抽象概念作为共通点，即理解的切入点，你因此会联想到：麝雉和乌鸦、麻雀这些常见的鸟类一样，具备鸟喙、羽毛、飞翔能力这些生物特征（如图 9-2 ）。

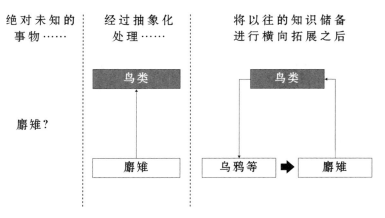

【图 9-2 】将未知事物进行抽象化处理，与已知事物联系起来

再看一个商业案例。某个车间生产流程优化项目提出了一个议题：工厂内多台设备出现故障，应当从哪一台开始保养？厂内只有为数不多的几位技术人员，不可能同时修整所有的生产设备，因此需要制订合理的保养计划。

此时，先想想保养生产设备最终是为了什么。经过抽象化思考之后，我们可以得出以下结论：在有限的资源条件下，先修复优先级高的设备，从全局出发，实现整体效益最大化。

　　这里我们可以联想到一个类似的场景：医疗领域的治疗类选法。治疗类选法指的是根据患者病情的严重程度，决定救治优先级的治疗思路。

　　参考治疗类选法的思路，你有没有得到一些启发呢？也就是要判明生产车间里的哪台设备"病情"最严重。当我们思考这个问题时，那么，从影响全厂产量的工序，即瓶颈工序①中，推断出"病情"最严重的那台设备。如此一来，我们就可以制定如下方针：划定瓶颈工序，当这道工序的生产设备出故障时，优先安排技术人员实施抢修。

　　横向拓展式学习跟熟能生巧式学习不一样，仅仅是漫不经心地熟练地打理手头的事务是没有用的。思考最终是为了什么，有意识地对具体的工作进行抽象化处理，我们就可以实现知识的迁移。虽然抽象常常用于负面评价，但是，如果想发挥学习的杠杆效应，那一定离不开抽象化处理这一步。

类推法的本质：根据已知推导未知

　　将某一领域的知识储备迁移到别的领域，这种技巧的底层逻辑其实来自人类在认知事物时的根本思维方式。

---

① 瓶颈工序：制约整条生产线产量的那一部分工作步骤或工艺过程。

　　这就是类推思维。比如，将企业发展比作植物栽培，那么就可以将企业发展与播种、耕耘、结果、收割的过程相对应，这就是类推思维的体现。相信大家都尝试过采用类比法来增进理解事物的技巧，可能只是你自己没有意识到罢了。

　　但是，全凭日常的无意识是没办法充分发挥类推法的作用的，要想更高明地运用类推法，我们需要理解这种思维方法的本质，并清楚地意识到需要按照类推法来思考这个问题。下面就向大家介绍类推法的本质与实践思路。

　　这里重申一下类推法的定义。类推法是将想知道的事物跟与之相似的已经知道的事物进行类比，从而增进理解的一种思维方法。如果将想知道的事物称为未知，将已经知道的事物称为已知，那么**类推法就是将已知的内容嵌入未知的领域，转换为新的理解的一种尝试**。这样一来，对于未知，我们就能获取一些之前想不到的假设或是发现。

　　但是，仅仅将已知和未知罗列出来，我们还无法得出类推的结论。参考刚才的例子，如果只是列举生产设备保养和治疗类选法，很难从中有什么新发现。因为**要把已知运用于未知，就必须先找到两者之间的相似点和共通点**。

　　综上所述，我们就可以集齐类推法的三个要素：需要探究的未知、灵感源泉的已知，以及连接两者的相似性（如图 9-3 ）。

224

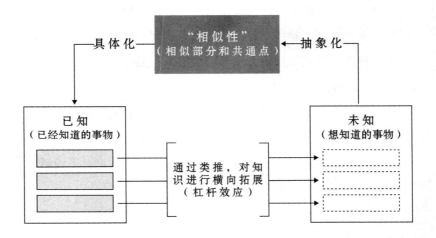

【图 9-3】类推由相似性、已知、未知三个要素构成

那么，如何才能究明两者的相似点和共通点呢？

答案就是：思考二者的共同目的是什么。看到这个观点，你可能会有些诧异，然而这就是类推的本质。

实际上，列举事物之间的共通点可以从各种各样的角度出发。但是，我们现在要做的是解决问题，设计出达成目的的手段。那么，**将目的作为共通点，当我们思考为了达到同一个目的，有没有其他已经付诸现实的有效手段时，就能从已知提取出有助于解决当下问题的实用信息**。从这个意义层面而言，类推法跟目的思考法是一脉相承的。

咨询顾问的思维精髓：类推法的思考方式

既然谈到了类推法的本质，我们就来回顾生产设备保养的案例，以此为例分析这一实践方法。我们可以按照以下三个步骤来构思：步骤一：抽象化处理未知的目的；步骤二：回想已知的具体细节；步骤三：根据已知推导未知。

现在的议题是：工厂内多台设备出现故障，应当从哪一台开始保养？我们先按照步骤一，试着思考最终是为了什么，于是就可以得出结论：在资源有限的条件下，先修复优先级高的设备，从全局出发，实现整体效益最大化。这个过程就是站在更高视角（抽象化角度）提取出共同目的。通过这样的抽象化，找到跟其他已知领域衔接的切入点。

接下来是第二个步骤，从共同目的出发，回想已知的具体内容。为了搞清楚麕雉是什么，从鸟类这个共通点出发，联想到乌鸦或者鸽子的样子，就是回想已知的过程。代入生产设备保养的案例也是一样的，通过在资源有限的条件下，先修复优先级高的设备，从全局出发，实现整体效益最大化的共同目的，联想到其他已知领域的治疗类选法。

通过共同目的联系未知和已知，就可以将已知横向拓展到未知（如图9–4）。参考先救治病情严重的患者的治疗类选法的思路，自然就会联想到先处理阻碍瓶颈工序的故障设备的解决办法。

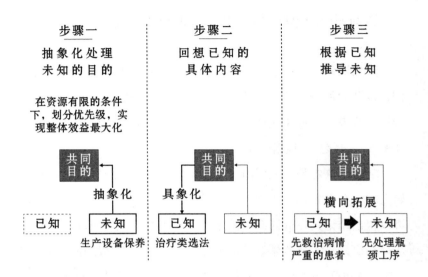

【图 9-4】通过共同目的联系已知和未知

　　咨询顾问之所以能持续地为从业数十年的业内人士带来价值,毫不夸张地说,秘诀就在于"类推法"。由于工作性质的缘故,一名咨询顾问在短短几年内可以广泛接触到各行各业的项目:制造、通信、能源、教育、医疗保健……将从各个项目学到的精髓总结为"制胜之道"之后,就可以储备丰富的跨行业知识。将这些知识迁移到新的项目,说不定可以为客户提供业内人士意料之外的、有价值的策略。如此高效的实用技巧,岂有不用之理?

学习的步骤

我们目前所说的学习是以类推法为基础的横向拓展式学习。跟埋头深钻一件事、熟能生巧式学习的思路完全不一样，也许会有些无从下手。但是，当你感觉困难时，或许也就意味着这是一次全新的锻炼自己能力的机会。所以，让我们再次梳理横向拓展式学习的步骤，进一步深入理解，从而将这个技巧真正内化为自己的本领。

步骤一：跳出问题的框架，主动意识到自己需要使用类推法

当我们希望借助已有的知识储备发挥杠杆效应、探寻未知事物时，需要运用类推法进行构思。此时，必须意识到要用类推法解决问题。当然，如果你压根儿没意识到要用类推法，那么大脑自然不会启动类推的思考机制。

你可能会觉得，这还用说吗。那我为什么还要这么说呢？因为我们往往习惯于从问题本身去找答案。当眼前的问题解决不了的时候，我们就会将原因归结为对问题本身的了解不够透彻、对这个问题的知识和经验储备不足之类的，这就相当于将自己的可能性封锁在一个问题的范畴中了。

将既有知识向其他领域迁移时，我们不要被限制在当前工作的固定思维中。可能你会认为自己的工作跟其他事物没有可比性，外行意见不足以提供参考。但是，切断与外界联系，自我隔

绝的封闭心态是没办法对知识进行横向拓展的。

因此，为了打破惯性思维，我们要有意识地、自觉地发挥已有的知识储备的杠杆效应。为此，我们应该主动问自己"目前的知识储备派得上用场吗？""类推法行得通吗？"，以此促使自己有意识地将目光投向知识的横向拓展。只有当意识跳出问题本身的框架，我们才能真正开始用类推法进行思考。

步骤二：追问为了什么，找出共同目的

经过这样有意识地关注类推的可能性之后，如何将已有知识储备和当前工作衔接起来呢？

在已有的知识（已经知道的事物）和未知的问题（想知道的事物）之间找到一个过渡节点。对此，我们**需要追问自己："手头的工作最终是为了什么？"从而找出这项工作的本质**。也就是抽象化的处理过程：剥离事物的表面和特殊现象，只留下问题的实质。

像这样经过抽象化处理，就可以找出共同目的，并以此作为媒介，将当前的工作与其他领域的知识衔接起来。因此，共同目的也可以称作知识传输的交换中心。

接下来还是以日常事务为例，帮助大家理解这种思维方式。请看这三项工作内容：制作报告资料；公司内部研讨会或顾客意见征集；报告陈述。

上述工作想必你多多少少都接触过吧。即使是面对这些再熟

悉不过的工作，你也可以发挥知识的杠杆效应，从全新的角度出发，对这些日常工作做出改善。那么，请你思考一下，改善上述工作的切入点是什么？是为了什么做这些工作？

这种提问方式可以打破陈规，找出更高层次的目的。你可以得出：制作报告资料是为接收方提供满意的交付成果；公司内部研讨会或顾客意见征集是了解对方目前困惑的问题，并协助解决这些问题；报告陈述是通过讲故事的方式，吸引听众的兴趣。

在这一系列步骤中，对工作的目的进行抽象化处理，为与其他领域的知识进行衔接开辟了一个入口。那么，具体要和什么样的知识进行衔接呢？我们来看下一个步骤。

步骤三：以共同目的为线索，回想已经知道的事物

步骤二对具体的工作内容进行了抽象化处理，找出将已知和未知联系起来的共同目的。接下来，我们将以此作为共通点，思考有没有其他知识和案例适用于此。以联系已知和未知的共同目的作为线索，联想跟这个共同目的相关的具体案例。

我们来思考刚才的例子吧。将找出的共同目的作为线索，在原工作以外完全不相关的其他领域可以想到以下案例：

· 为接收方提供满意的交付成果→做饭；

· 了解对方目前困惑的问题，并协助解决这些问题

　　→心理咨询;

　　　　·通过讲故事的方式，吸引听众的兴趣→落语①。

　　像这样将目的作为共同点进行过渡之后，本来毫不相关的事物就可以视为"同类"了。这就是发挥学习的杠杆效应的关键点。

　　不过，你可能会产生疑问，怎么才能想出具体事例呢？这个问题的答案很难用语言来表述。看到脑洞大、点子多的人，旁人唯有感叹一句"真想看看那个人脑袋里究竟装了些什么"，因为想象力实在是很难用语言来阐释。这类似于这种感觉，打个比方，你可以把"还有别的案例适用于××目的吗？"当作一个脑筋急转弯，你灵机一动想到了答案，不由自主发出"啊"的一声。

　　从某种意义上来说，这就是一种暗默知识②的能力吧，一种无法用语言表述的大脑运作机制。不过，无法用语言表述反而是一种优势，因为这意味着很难被他人模仿。"从 A 推导出 B，从 B 推导出 C，所以，从 A 可以推导出 C"这样的思考逻辑，因为汇总成了语言，容易被人传阅，所以人们容易学会，但若是人人都能掌握

―――――――――

①　落语：类似于单口相声，是日本的一种传统曲艺，面向平民百姓的逗笑艺术形式。特点是在最后抖出一个笑料"包袱"来结束段子，故名落语。

②　暗默知识：由英国物理化学家和思想家波拉尼于 1958 年在《人的研究》一书中首次提出的概念，它是一种隐性知识，无法言传或表达不清楚的一类知识。

的话，对于个人也就毫无优势可言了。所以，暗默知识无法用语言表述、也很难被他人模仿的特性，反倒可以成为我们借此建立自身优势的机会。而只有跨越了这一屏障的人，才能享受到它带来的好处。

步骤四：从已知提取有助于理解未知事物的实用信息

发挥学习的杠杆效应的最后一个步骤是，根据以共同目的为线索回想到的案例，提取出可以查明与想知道的事物相关的实用信息。而引入与当前工作没有直接关系的外部视角，往往可以收获一些意想不到的新发现。

为了理解这一点，我们继续分析刚才的例子。

比如，如果想从做饭这个行为中提取有助于制作报告的实用信息，首先要筛选出你已经知道的做饭好吃的诀窍：准备新鲜的优质食材；根据不同菜系掌握相应的烹饪手法；根据对方的喜好进行调味。

然后，我们可以基于这些成功要素重新解释原来的工作内容（报告资料）。将早已掌握的做饭诀窍与当前面临的问题对应起来，知识的杠杆效应就会发挥作用。我们可以按照这个过程来进行思考：

· 准备新鲜的优质食材

如果一开始缺乏相关的信息或数据作为支撑，根本就做不出有水准的资料。当制作资料的进度无法推进时，反思一下是不是准备的素材不够充分。

·根据不同菜系掌握相应的烹饪手法

报告资料也分很多种：日报、周报、董事会报告等。确认有没有按照不同类型分别制作对应的资料。

·根据对方的喜好进行调味

根据阅览资料的对象制作资料，有些人会细致地逐一确认数据，有些人从结论出发把握大框架即可。所以要有意识地配合对方的信息接收方式来制作资料。

将目前的工作进行抽象化处理，我们就可以发挥自身知识储备的杠杆效应（横向拓展）。这就是根据已知探索未知的过程（如图 9-5 ）。

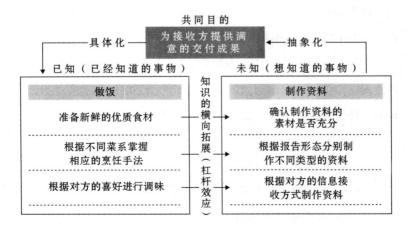

【图 9-5 】知识的横向拓展：以共同目的为过渡，从已知推导未知

身为领导者，你在今后的职业生涯中会面对一些从未经手过的新工作，处理一些从未遇到过的难题。希望你可以灵活运用"知识的杠杆效应"这项秘密武器来化解未知困难。

案例解答

我们已经对学习的技巧进行了详尽的分析，接下来，让我们将之应用到实际案例中吧。

为了培养新来的下属，领导者应该做些什么呢？

首先，面对问题要保持开放的心态。虽然以前从未带过下属，但也不能战战兢兢，一心想着"怎么办呢""我不会啊"，而是要转换思维，思考自己能不能借鉴以前的经验，将目光投向问题的框架之外，意识到类推的可能性。

做好类推的思想准备之后，接下来要考虑的就是将当下面临的未知（想知道的事物）进行抽象化处理，找出作为未知与已知（已经知道的事物）的过渡节点的共同目的。

现在你要面临的工作内容就是培养新来的下属。对此，你要通过最终是为了什么对原问题进行抽象化处理。于是，你就会提升思想高度，找出促进培养对象的成长，带来好结果的共同目的。这就是连接未知和已知的过渡节点。

经过大脑的抽象化思考找出共同目的，然后从该共同目的出发，将已知内容具象化。围绕促进培养对象的成长，带来好结果这一共同目的，我们可以回想一下有没有别的已知事物适用于此。

于是，我们的脑海里就会浮现出与上述共同目的相关的知识，比如培育植物。小时候播下牵牛花的种子等它开花，或是想起种植在橘林之类的果园里的果树。我们每个人都有过类似的经验吧。

因此，让我们回想一下栽培植物的要领。我想到以下几点：

·栽培健康的种子和幼苗：如果想让植物开花、结果，首先要确保种植的是健康的种子和幼苗，不然什么都长不出来；

·打造适合植物生长的环境：不同的植物需要不同的生长环境，所以要准备特定的生长环境；

·浇水、施肥：不提供植物所需要的养分的话，好不容易长出来的植物将会枯萎凋零；

·修剪：为了确保营养输送效率，需要修剪过于茂盛的枝叶。

其实，并不需要什么深奥的专业知识，像这样普通的生活常识横向拓展到其他领域以后，也能为我们带来新发现。

让我们试着从上述内容找出有利于"培养下属"这一未知领域的启示。只要将已经知道的事物作为联想的线索，对照想知道的事物灵活地提取实用信息就可以了。于是可以推导出以下要点：

·栽培健康的种子和幼苗，即为下属设置未来发展的基础——使命和动力；

·打造适合植物生长的环境，即理解每个人的独特性，打造包容个性的工作环境；

·浇水、施肥，即为了促进下属的成长，向他们传授必备的知识和技能，在他们取得成果时予以表彰；

·修剪，即在纠正他们的偏误的同时，发掘他们的优点，帮助他们进一步提升优势。

是在一无所知的状态下临场发挥，还是像刚才说的那样提前树立确定的意识，有计划地等待下属的到来呢？二者最终呈现的结果必然是完全不一样的（如图9-6）。

形成上述认知不是因为学到了什么新知识，而是发挥已有知识的杠杆效应转换而来的。过往的经验究竟是会复活，还是被尘封，这完全取决于我们的大脑如何思考。哪怕是看似过时或无关的知识，一旦站在更高的视角重新审视为了什么，我们也能从中汲取意料之外的智慧。就像你身上有隐藏的未知潜能，稍微转变一下视角，你就能看到自己闪闪发光的另一面。

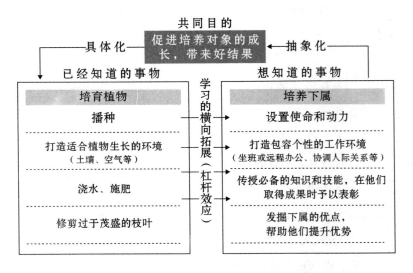

【图 9-6】再普通的生活常识，横向拓展之后也能带来新发现

将一切事物转化为成长动力的 LaX 技巧

关于"学校教育重要吗"的话题一直存在争议。其中不乏"学校学的东西，进入社会发现压根儿没用"这样的负面舆论。

对此我的回答是，"这取决于每个人怎么使用那些学到的知识"。只要善于运用知识，那么学校学到的知识就是类推法的素材库，可以灵活迁移到各种工作场景。之所以现在这么流行重学初高中科目，或许这就是背后的原因。

无论学什么，都不能止步于此。实际上，我们学语文，学的是如何解读对方的观点，汇总自己的意见；我们学数学，学的是如何逻辑严谨地构建理性的观点；我们学英语，学的是使用英语国家的人们思考和表达的方式；我们学历史，学的是在漫长的时间长河里，人们是如何认知事物并做出判断的。诸如此类，当我们在学习上懂得把握基本准则，就能超越教科书上的字面信息，从更宏观的视野获取新的知识。

当然，学习的材料不仅限于学校的指定科目，当我们以"实际学的是……"的视角来看待学习时，那么身边的一切都可以为我所学。这种学习方式可以概括为"Learn as X"（作为 X 去学习），不妨在此为其命名为 LaX 技巧。当我们熟练掌握 LaX 技巧时，就可以迅速打开思路，拓宽眼前工作的可能性。

丰田生产方式的创始人大野耐一①先生，就是利用 LaX 技巧完成了生产方式改革。大野先生观察到，美国超市只将适当的商品在适当的时间以适当的数量上架，根据这一现象，他学到的是商

---

① 大野耐一：著名的丰田生产方式的创始人，被日本人称为"日本复活之父""生产管理的教父""穿着工装的圣贤"。丰田生产方式（TPS）的基本思想是"彻底杜绝浪费"，通过生产的整体化，追求产品制造的合理性以及品质至上的成本节约。

品管理方式的原则，从而迁移到生产车间的改善工作，于是创造
了准时化生产方式①。这就是知识横向拓展的典型案例。

当一个人拥有强烈的求知欲时，那么即便是平凡的日常生
活，也能成为灵感来源的素材库。身边的一切小事，都能转化为
促进自身成长的动力。

尽情享用知识，甚至会改变你看待世界的方式

这句话的意思是，你看待世界的方式决定了你看到的世界的
形态。天上飞的鸟儿、地上爬的虫子、水中游的鱼儿，即便是这
些寻常景象，我们也可以从中学到俯瞰全局的视角和提升体察变
化的敏锐知觉。

人们都说专业很重要。在我看来，这句话只能算半对，还有
一半不对。为什么这么说呢？因为问题往往是立体的，单一专业
覆盖的只不过是其中一个侧面，那剩下的其他方面呢？太过执着
于专业性，凡事都要透过专业的棱镜，到最后会不会看待任何事
物都有失偏颇？再者，如果有一天，你辛辛苦苦学到的、视若珍

---

① 准时化生产方式：准时生产也称实时生产系统。在 1953 年由日本丰
田公司的副总裁大野耐一提出，是由日本丰田汽车公司创立的一种独特的
生产方式。准时化生产方式指企业生产系统的各个环节、工序只在需要的
时候，按需要的量，生产出所需要的产品。

宝的专业视角被社会淘汰了呢？

LaX 技巧不依赖于任何一门特定的专业，可以说是一种跨越学科边界，尽情享用知识的尝试。如果面对当下的问题，某一条路走不通，就可以通过 LaX 技巧打开别的思路，尝试不一样的路径。

这项法宝可以帮助我们在当今这个复杂多变的时代安身立命。今后我们的问题未必都能正好撞在自己专业性的枪口上。当然，我们不屑于以"因为跟我的专业不对口"为借口逃避。我们要放眼可能解决未知问题的海量知识，直击问题的核心，尝试着解决它。随着我们防守范围的扩大，将孕育更多创造出全新价值的机会。从这个意义层面来说，学习这项行动代表了未来的可能性。

从目的—目标—手段的三层金字塔结构，到如今五个基本动作逐步展开的最后一个板块学习，我在本书想向各位传达的内容已经全部奉上，而本书勾勒的所有美好愿景全部献给——为了成为引领团队、组织、未来的领导者，以及正在不断精进的你。

第 10 章

提问：思考地图指引我们走向崭新的开始

我们跟随本书搭建的阶梯拾级而上，终于来到了这里。真心希望各位在读完本书后获得更开阔的视野，踏上崭新的平台。此刻到达的阶梯终点，同时也是一个新的起点。

对于即将迈向新起点的你，我最后还能嘱咐些什么呢？

当我在思考这个问题时，忽然想到一句话：思考往往始于提问。公元前的古希腊哲学家提出了一个问题："世界的本源是什么？"自此，人类的智慧之花遍地开放。如今差不多三千年过去了，提问依然是助推思想不断前进的动力。

因此，为了助力各位迈向全新的开始，我将在终章对本书的所有内容进行总结，记述促进成果创造的核心要素——提问。这里的关键不在于细枝末节的思考技巧，而是你心中要始终带着提问的意识。提出问题，保持探究之心，不断求索。提出问题是创造一切价值的前提，探索始于提问。

核心要素提问

让我们先从制定目的—目标—手段的三层金字塔结构所需的提问开始回顾本书内容吧。

这是贯穿本书的主线。

首先，我们来看制定目的需要什么样的提问。

在制定一个你希望亲自实现的目的之前，需要确保一些前提条件。第一，确保组织整体目的保持一致。还记得吗？组织根据目的搭建了一个层级结构。当我们自己制定的目的与上层目的保持一致，并服务于上层目的时，组织就能实现上下一致的整体联动，创造出更丰硕的成果。为此，我们需要提出问题："上层目的是什么？""它的背景是什么？"

第二，框定目的范围，防止目的无边际扩张。目的范围的外部框架用两条轴来界定，分别是空间轴和时间轴。空间轴指的是自己在组织中所处的位置，时间轴指的是目的跨越的时间。因此，为了避免目的的范围无限扩张，最终走向失控，可以提出问题："我从什么立场出发确定目的？""目的在时间轴上的跨度如何？"

在整理好这些确定目的的前提条件之后，接下来就是思考自己真正应该实现的目的是什么。这一步从何下手呢？我们可以提出这个问题："为了什么？"

这个问题绝不是在找碴儿，你不应表现出一副"有必要做这件事吗"的态度，而应以一种孩子般的纯粹，出于困惑而不由自主地发问："为了什么？"你需要构思一个为实现全新价值而预设的未来终点。

为了构想出目的，我们心中必须怀揣着作为目的源泉的意愿或使命。仅看客观事实，我们还无法确定目的，还要注入个人意志，即主观色彩。此时，为了理清自己的想法，持续地深入思考，我们可以提出问题："我想达到什么样的状态？""我应该达到什么样的状态？"

此外，当我们正向思考无法究明目的时，还可以利用反向发问的方式转换思维角度，找到目的的入口。那么，我们可以这样提问："如果不做这项工作会怎样？"

这样一来，我们就能明白为什么要安排做那项工作了。

经过上述提问，假设你想到了一个目的，可是，你会立马认定这个目的吗？恐怕不会吧。我们必然要反复追问，不断完善，直至自己满意为止。如果你自己都不满意，更遑论让他人心悦诚服。因此，我们要问自己："这是真正的目的吗？"然后通过这个问题反复打磨目的，直至无可挑剔。

确定目的之后，下一步就是将目的具体化为目标。此处的关键在于制定与目的一致的目标。换言之，我们要制定的是直接推动目的实现的目标。为此，我们提出问题："达成目的需要什么？""目的有哪些构成要素？"

通过上述提问将目标从目的分解出来之后，下一步就是设置具体的目标水平。从距离和时间两个维度出发提出下述问题，我们就可以确定作为目的中转点的目标应该处于什么位置了。我们可以问："目标要达到什么水平？""目标截止时间是什么时候？"

水平程度的设定，关键在于要将领导者的期许与为实现目标而奋斗的员工的意愿协调一致。如果目标看起来太大、太难，我们可以试着将其进一步分解成更小的目标。运用笛卡尔传授给我们的困难分割法，我们可以提出问题："分解成小目标试试呢？"

按照这种方式确立的目标会成为组织和团队在行进过程中的里程碑。如果这些里程碑偏离了我们最终想要的成果，那到头来我们只会白忙一场。因此，我们需要仔细检查自己设定的目标是否妥当。这一步绝不是在耽误时间。还记得吗？这时候，我们可以利用 SMART 原则提出问题："是否足够具体？""是否可测量？""能否实现？""是否与目的一致？""期限是否确定？"

只有经得起检验的目标，才称得上是最佳目标。确立目标之后，就可以采取以目标为导向的手段。这一步可以简单提出下面这个最基本的问题："如何达成目标？"

另外，手段的作用是弥补目的与现状之间的差距，所以我们还可以这样问："怎么做才能弥补目的与现状之间的差距？"

梳理五个基本动作所需的提问

还记得吗？战略就是构思实现理想状态的脉络。那么，达成目的和目标的手段就相当于战略的核心。若我们想要实现更远大的目的或目标，则需要战略性地采取必要的手段。而可以帮助我们做到这一点的正是五个基本动作。

首先，我们来看五个基本动作的根基——认知、判断、行动，其中，锁定亟待解决的问题的是认知，我们对此应该如何提问呢？当我们想要达成一个目标时，总会存在一些问题阻碍目标的实现。这类问题往往以现状与目标之间的差距的形式出现。因此，为了意识到这些问题，我们必须通过提问来比较现状与理想的状态，确定二者之间的差别："与目标相对的现状是什么情况？""哪里存在差距？存在怎样的差距？"

然而，我们不需要解决发现的每一个问题。毕竟经营资源有限，我们的人生也是有限的。为了不浪费资源和生命，让我们像爱因斯坦那样斟酌对的问题是什么吧。这样的提问可以区分亟待解决的问题和暂时搁置的问题："哪个问题对目标的影响力较大？""那个问题有实际解决的可能性吗？"

而为了从本质上解决问题，我们必须关注问题的真实成因，调节造成问题产生的因果关系。因此，从过去到未来，我们始终要通过提问"为什么"来深挖问题的成因："为什么会出现这个问题？""因果关系的结构是怎么样的？""问题的真实成因是什么？"

划定亟待解决的问题和真实成因之后，下一步就是做出判断：针对该问题要做什么、不做什么。对此，从零开始展开各种解决方案（备选项），从中甄别出做什么和不做什么。如果我们只盯着眼前的一种方案不放，就有可能与原本可以采取的更有效的措施失之交臂。因此，暂时不去评估能否做到，而是通过直截了当的提问，先大范围地网罗备选方案："解决方案有哪些备选项？"

将所有的备选项罗列出来之后，接下来是至关重要的一步：设置作为判断根据的判断基准。设置判断基准不仅能提高决策质量，还有助于我们条理清晰地向对方解释判断的理由，获取对方的认可与信赖。因此，想要做出妥善的判断，我们唯有通过提问确定判断依据："将什么设置为判断基准？""判断基准的重点是什么？"

在确定备选项和判断基准之后，分别将它们作为横轴、纵轴，可以得到一张选项矩阵表。根据该表判定做应该做的事和不做不应该做的事。此时，提问可以帮助我们清晰地判断要做什么、不做什么："哪个是应当优先实施的执行方案？""哪个要延后处理？""哪个不要去做？"

经过认知和判断，我们已经划定了解决问题的执行方案，接下来就是将上述方案付诸行动。毕竟组织是由个人构成的。无论制定了多么完美的方案，只要没有落实到个人的行动上，最终都只是纸上谈兵。因此，我们需要通过提问，将执行方案落实到具有可行性的实际工作中："怎样推进执行方案？""需要采取哪些具体行动？"

这时，实际工作是否具有可行性取决于执行者的能力。因此，这样提问可以确保行动的顺利实施："对于执行者来说是否可行？"

将筛选出来的具体行动归纳整合成全体投入的工作，从而创造出更丰硕的工作成果。也就是要将具体行动纳入执行计划中。这时就需要精准地把握下述基础事项，我们可以提出问题："工作交给谁做？""截止日期是什么时候？"

与此同时，扫除阻碍组织整体行动的事项，让行动始终保持前进的态势，顺利地实施下去，我们可以提出问题："各项行动之间的先后顺序和附属关系是什么？"

上述认知、判断、行动的各个动作都是处理当前问题的技巧。

而对于未来问题的应对技巧是预测和学习。预测指的是在问题还未显现时预先推测风险，先发制人，这样便能解决掉潜在的重大问题。

不过，由于风险并不是眼下正在发生的事情，因此我们很难迅速确定存在什么样的风险。只要想到手段是三层金字塔结构的根基，而风险则附着于手段之上。那么，我们就可以通过提问来彻查风险的藏身之处："这是对应什么的风险？""发生风险的出处是什么？""哪个手段存在怎样的风险？"

然而，并不是所有罗列出来的风险都需要着手化解。经营资源有限，可以分配的资源也有限。有的风险需要分配资源去提前化解，有的风险不必处理，选择接受即可。因此，我们需要通过提问来评估风险的严重程度："该风险的影响力大吗？""该风险的威胁程度如何？""我们的脆弱程度如何？""该风险发生的概率高吗？"

然后，再通过提问来判定风险处理的轻重缓急："哪个风险应该优先处理？""哪个风险坦然接受即可？"

划定了需要处理的风险之后，接下来是采取应对措施。以应对风险的几个切入点为参考，可以通过提问来思考具体对策："选择一种应对风险的方法，是减轻，是规避，还是转移？"

此时，除了独立思考，我们还要引入他人的不同视角和看法，或参考前人的真知灼见，如案例研究和公开报告等，从而消除预测风险时的盲点。

五个基本动作的最后一项是学习。升华从过往经验中获得的知识，发挥旧知识的杠杆效应（横向拓展），解决新问题，于是我们就能把握并应对未知的问题。

　　为了将已经知道的事物横向拓展至想知道的事物，首先要意识到有无拓展的可能性。若只是漫不经心地对待问题，那么我们是没办法对知识进行横向扩展的。因此，我们首先要有意识地提出问题，判断类推法解决未知问题的可能性，能否发挥已有知识储备的杠杆效应："目前的知识储备派得上用场吗？""类推法行得通吗？"

　　其次，为了真正地横向拓展已有的知识，我们需要寻找连接已知与未知的过渡节点。为此，我们下一步要探讨的问题是："最终是为了什么？"

　　通过上述提问，我们对工作内容进行抽象化处理，找出更高层次的目的。由此找到已知与未知之间的过渡节点，即核心的共同目的。

　　有了衔接已知与未知的共同目的之后，终于可以从已知向未知传输实用信息了。为此，可以通过问题来回想我们的知识库，这是学习行为的源泉："符合共同目的的已经知道的事物是什么？""有什么相关案例吗？"

　　然后再通过下述提问，将知识从已知迁移至未知："已经知道的事物和案例的核心要义是什么？""有哪些成功因素？""它们可以为想知道的事情带来什么启发？"

　　从正面迎击眼前的问题，有时我们想尽办法却仍无计可施，如果可以引入外部的智慧，说不定全新的手段就会应运而生了。

如果说手段是战略的核心，那么学习就是创造差异化新型战略的绝技。

通过展开五个基本动作，三层金字塔结构的基座就有了稳固手段的强力支撑。

最后还要核实的一点是：创造成果的脉络——目的—目标—手段的三层金字塔结构之间的连续性。就像从电源发出的电流，只有畅通无阻地向灯泡传导，一盏灯才会被点亮。那么，唯有设计出手段助推目标的达成，目标直接通往目的的连续流程，我们才能创造成果。因此，为了确保创造成果的流程滴水不漏，千万别忘了提出最后的问题，从而圆满回顾这一系列的思考过程："目的—目标—手段的三层金字塔结构是一脉相承的吗？""可以顺畅运行吗？"

以提问为主线的思考地图引领我们奔赴全新的价值

接下来，让我们对前文回顾的核心要素——提问进行汇总吧。于是，我们就会生成出一张沿着创造成果的流程不断自我追问，逐步开拓出实现未来全新价值的路径的地图（如图 10-1 ）。

这张创造成果的流程全景图浓缩了你在本书中走过的漫长历程。有了这张地图，我们就能纵览和领略创造成果的全局景象。一方面，在逐步深入思考的过程中，我们就能把握自己走过了多

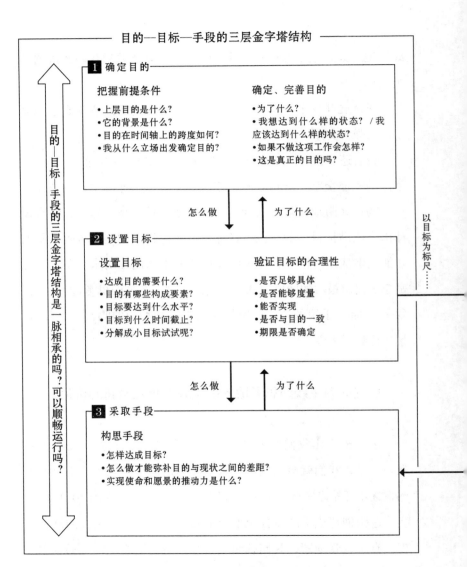

【图 10-1】以提问为主线的思考地图引领我们奔赴全新的价值

五个基本动作

5 认知亟待解决的问题

究明问题
- 与目标相对的现状是什么情况?
- 哪里存在差距? 存在怎样的差距?

找准对的问题
- 哪个问题对目标的影响力较大?
- 那个问题有实际解决的可能性吗?

深究原因
- 为什么会出现这种问题? / 因果关系的结构是怎么样的?
- 问题的真实成因是什么?

6 判断要做什么、不做什么

设定解决方案和判断基准
- 解决方案有哪些备选项?
- 将什么设置为判断基准? 判断基准的重点是什么?

决定执行方案
- 哪个是应当优先实施的执行方案?
- 哪个要延后处理? / 哪个不要去做?

7 落实为行动

筛选具体行动
- 怎样推进执行方案?
- 需要采取哪些具体行动?
- 对于执行者来说是否可行?

纳入执行计划
- 工作交给谁做?
- 截止日期是什么时候?
- 各项行动之间的先后顺序和附属关系是什么?

4 预测未来的风险

预判风险
- 这是对应什么的风险? / 发生风险的出处在哪?
- 哪个手段存在怎样的风险?

评估风险
- 该风险的影响力大吗?
- 该风险发生的概率高吗?
- 哪个风险应该优先处理?
- 哪个风险坦然接受即可?

提前化解风险
- 选择哪种应对风险的方法? (减轻? 规避? 转移?)

8 学习可以实现根据已知探索未知

意识到发挥杠杆效应的可能性
- 目前的知识储备派得上用场吗?
- 类推法行得通吗?

提取共同目的
- 最终是为了什么?

将已知横向拓展至未知
- 符合共同目的的已经知道的事物是什么? 有什么相关案例吗?
- 已经知道的事物和案例的核心要义是什么? 有哪些成功因素?
- 它们可以为想知道的事情带来什么启发?

将执行方案和行动归纳整合在一起……

【图 10-1】（续图）

少路、当下处于什么位置。另一方面，如果思路卡壳了，这张地图一定可以为你提供线索，帮助你找到思维的瓶颈所在。当你浏览完这张图，再次回顾全书的内容时，一定会形成更透彻的理解吧。

提出问题、冥思苦想、寻找答案，从古至今都是这一套思考机制在推动人类历史滚滚向前，想必今后我们依然可以沿着这样的路径走向未来。哪怕这张图是一缕微光，如果它可以为你照亮些许前进的道路，我将不胜欣喜。

后记

我们存在的意义是什么

领导者为何存在？

本书是为所有励精图治的领导者们而写的，他们为组织或团队确定目的，并为达成目的规划路径。本书为此提供了大量的模型和实践技巧。

然而，我们却忽视了一个很重要的问题。那就是领导者为何存在？

本书编写的内容，主要面向已经奋斗在管理层岗位的人士和今后有意担任领导者职位的人士。可是，领导者之所以成为领导者，究竟是为了什么呢？

为了制订工作计划？

为了管理下属？

为了把控任务进度？

为了解决突发状况？

为了消除各方冲突？

......

也许答案不胜枚举。当然这些都是领导者应当履行的职责。然而，做到这些事情就实现了作为领导者存在的意义吗？其中的每一项事务，除了领导者之外，其他人不也一样可以去做吗？因此，关于上述那个被忽视的问题，我们还是没办法做出触及本质的回答。

领导者是为了目的而存在。

领导者存在的真正意义是什么呢？本书阅读到这里，我想，你已经可以从更广阔的视角来看待这个问题。将视线再拉远一些，你就会明白：刚才列举的种种职责，其实都是领导者为实现更高层次的目的而采取的多种手段。

领导者存在的目的，在于提前把握目之所及以外的地方。如今我们已经领略了目的驱动思考法，那么，你就会理解领导者存在的意义是什么了：

领导者的存在是为了达成目的，实现未来愿景。

归根结底，领导者不是为了管理下属和把控任务进度而存在的。我们规划的是目的、是未来。跨越"此刻、此处"的界限，朝着"何时、何处"进发，实现未来愿景，创造全新的价值。换言之，就是：

目的 = 设想未来，规划实现未来愿景的路径。

领导者的存在，就是为了肩负起这份不可替代的使命。

目的驱动为领导者肩负使命提供一种新的可能。

这也是目的思考法的精髓。将想要实现的未来确定为目的，将通往未来的路途中设置的里程碑定为目标，进而精选并实施达成目标所需的手段。这些正是领导者为完成使命而必须承担的非连续性职责。

不得不说，这是一项极其艰巨的任务。当今社会风潮变化极快，各种错综复杂的现象层出不穷，铺天盖地的信息洪流令人迷惑，它们支撑起了让人措手不及的不确定性。在这样的环境中，设想并实现未来愿景绝非易事。任何一位励精图治的领导者，每天都在为跨越这些困难殚精竭虑。

为了与各位领导者一起对抗这些困难，同为领导者的我写下了这本书。如果这就是我们存在的意义，那我们就必须采取手段去实现我们的目的。

作为领导者履行使命的手段，本书可以为你提供一种新的可能。为了履行领导者的使命，我们需要确定目的，规划创造成果的完整路径。我将这套流程进行了模式化整合，归纳为目的—目标—手段的三层金字塔结构和预测、认知、判断、行动、学习这五个基本动作，并详细介绍了具体实践时的心理准备和使用技巧。

也许你每天都忙于处理各种棘手的问题，但愿这本书能助你一臂之力，实现你心中的目的，拥抱美好的未来。如果这份祝愿成真，那这本书就算是完成了它的使命。

致谢

据说"text（文章）"与"textile（纺织品）"的词源相同。如此想来，编写本书的过程确实如同纺织工序一样复杂：当今时代的特征、咨询顾问的工作实践、与客户讨论过程中涌现的灵感、前辈的教导，以及我以往的阅读、写作和思考……

书中提出的各种问题，也许早已有前人给出答案了。而本书做出的全新尝试是，将这些问题像一张大型的纺织物一样编汇在一起，归纳到目的这个主题之下，以便诸位读者的脑海中能够形成一张清晰的网络，产生一些新的思考。

为我提供这个宝贵的尝试机会，让我能够向更多人分享自己的想法，完全归功于为我出版本书的谷中卓先生。本书在正式出版之前经历了许多坎坷，但谷中卓先生始终耐心地给予我陪伴与支持，我在此向谷中卓先生表达诚挚的感谢。

我还要由衷地感谢我的编辑千叶正幸先生，是他尽心尽力地将我的文稿编辑成书，直至最后顺利出版。如果没有他的帮助，我无论如何都不可能完成这本书的编写。

本书的底稿是我在六个月的陪产假期间完成的。我要再次感谢以下四位德勤的合伙人：田中昭二先生、首藤佑树先生、田中宏明先生和入江洋辅先生，他们第一时间对我表示祝贺，并爽快地应允了我的陪产假申请。

此外，虽然不能直接提及名字，但我还想借此机会感谢给予我们信任、将工作托付于我们的客户。如果没有与各位热烈探讨、共同奋斗的经历，这本书肯定是枯燥乏味的，更不会有这么多鲜活的案例。

最后，我还要感谢一个人，就是在本书从下笔到完稿的两年时间里一直默默陪伴我的妻子。我们的儿子活泼好动、调皮捣蛋，妻子总是默默扛下这份责任，温柔耐心地照顾着他。为了让我腾出充足的写作时间，她付出了很多，处处为我着想。希望儿子长大后会明白，他之所以有机会翻阅这本书，都要归功于他母亲无私的爱与奉献。

2022 年 2 月

望月安迪